나이
듦의
기술

김정주
―
유현옥
―
정홍인

나이 듦의 기술

웰에이징의
10가지 시크릿

파지트

차례

프롤로그 / 9

항해를 위한 돛을 세우다   13

01 몸부터 다듬기   15
   1 식습관의 재발견   16
   2 움직이면 달라진다   22
   3 잘 자는 법   32
   4 생활 양식을 바꿔야   38
   5 작은 실천이 만드는 건강한 몸   43

02 마음 다잡기   46
   1 어제와 다른 기억   50
   2 요동치는 감정   54
   3 삶의 목적을 다시 세우는 시간   59
   4 마음도 돌봄이 필요하다   61

03 관계 세우기   65

   1 관계, 관계, 관계…   67
   2 관계를 통한 삶의 균형   70
   3 지역 커뮤니티를 통한 연결   77
   4 나의 가치를 활용한 사회 참여   80
   5 사회적 건강 체크리스트   90

연결의 돛을 달다   97

04 세대 간 연결, 함께 성장하는 지혜   99

   1 나는 어떤 세대인가   100
   2 세대 간 소통의 현실   103
   3 소통의 장벽을 허물다   108
   4 디지털 시대, 세대 간 소통의 새로운 가능성   113
   5 미래를 위한 세대 공동체 만들기   116

05 온라인이라는 무한 가능성의 물결 위에서   119

   1 디지털과 온라인, 그리고 배움   121
   2 온라인 생활   131
   3 디지털로 창작하고 참여하기   140

돛을 펼쳐 나아가다　147

06 문화예술, 나만의 호흡으로　149
   1 나이 들수록 필요한 이유, 문화예술이 주는 힘　150
   2 나답게 즐기는 방법　154
   3 실천이 만드는 즐거움의 시작　162

07 취미, 나만의 방식으로　173
   1 왜 지금, 취미가 필요할까?　175
   2 나를 위한 취미, 생각보다 많다　182
   3 독특한 취미 소개　194
   4 나에게 맞는 취미, 어떻게 찾을까?　198
   5 내 취미 찾기 7가지 힌트　205

08 여행, 나만의 시선으로　211
   1 지금 떠나야 하는 이유: 여행의 매력　212
   2 나를 위한 여행, 나를 위한 쉼표　214
   3 안전하고 의미 있는 여행을 위한 체크리스트　228

삶의 닻을 단단히 내리다   237

09 퇴직 후 경제적 자유를 위한 스마트 전략   239
    1   아직 준비 안 됐는데, 퇴직이 먼저 온다   241
    2   생활비는 어디서 마련할까?   245
    3   몰라서 못 쓰는 제도, 제대로 쓰는 법   251
    4   새로운 시작과 도약   254

10 아름다운 삶을 위한 죽음 준비   259
    1   죽음을 준비하면 삶이 더 빛나는 이유   261
    2   죽음을 배우는 시간   263
    3   떠날 나와 남겨질 이들을 위한 준비   271
    4   마음으로 마무리하는 연습   279

에필로그 / 287

프롤로그

진짜 웰에이징을 말하다

건강하게, 편안하게, 그리고 의미 있게 사는 삶을 '잘 산다'고 흔히 말한다. 그렇다면 '잘 나이 든다'는 건 어떤 모습일까? "몸이 아프지 않고, 마음이 편하고, 좋은 사람들이 곁에 있으면 좋겠어요." 많은 이들이 바라는 노후의 모습은 이처럼 단순하면서도 따뜻하다. 표현은 저마다 다를 수 있지만, 누구는 경제적 여유를, 누구는 주름 없는 얼굴을, 또 누구는 든든한 인간관계를 떠올리기도 한다. 하지만 결국 그 바람의 중심에는 건강한 몸, 평온한 마음, 그리고 함께 할 사람이 있다.

하지만 그런 삶은 저절로 찾아오지 않는다. 나이 듦은 단순히 숫자가 하나 더해지는 일이 아니다. 세상을 바라보는 방식, 사람들과 관계를 맺는 태도까지 달라지는 깊은 전환의 시간이다. 철학자 시몬 드 보부아르Beauvoir는 이를 "우리가 세상과 맺는 관계의 변화"라고 표현했다.[1] 그래서 잘 나이 들어간다는 것은 삶의 질과 의미에 대해 깊이 생각해 보는 일이라 할 수 있다.

2000년대 초반, 한국 사회에 '웰빙well-being' 열풍이 불었다. 몸과 마음의 건강을 지키며 조화로운 삶을 추구하는 생활 태도였다. 그리고 시간이 흐르며 이 개념은 '웰에이징well-aging'으로 확장되었다. 단순히 오래 사는 것이 아니라, 어떻게 나이 들어갈 것인가에 대한 질문이다. 신체적, 정서적, 사회적 기능을 유지하며 나이 듦의 흐름 속에서도 자기다움을 잃지 않고 살아가는 것. 그것이 바로 '존엄을 지키며 나이 드는 삶', 웰에이징이 지향하는 길이다.

2023년 기준, 한국인의 기대수명은 83세를 넘어섰다.[2] 단순히 오래 사는 것만으로는 충분하지 않다. 건강하게, 그리고 행복하게 살아야 한다. 그렇다면 어떻게 해야 행복하게 나이 들어갈 수 있을까? 그 해답은 다름 아닌 '배움'에 있다. 배움은 더 이상 학창 시절의 경쟁이나 부담스러운 숙제가 아니다. 배움은 자신을 확장하고 삶을 더 풍요롭게 만들어주는 힘이다. 실제로 많은 사람들이 제2의 인생을 배움과 함께 열어가고 있다. 요리를 배우며 하루하루를 더 즐겁게 보내는 사람도 있고, 여행 동아리를 통해 오랫동안 미뤄 두었던 여

---

1 시몬 드 보부아르, 홍상희·박혜영 역, 〈노년〉, 책세상, 2002(원서 출판 1970, La Vieillesse, Gallimard).
2 '2023년 생명표', 통계청, 2024. https://kostat.go.kr

행을 하며 새로운 만남과 기쁨을 경험하는 이도 있다. 글쓰기로 자신의 이야기를 나누고, 온라인 강의로 무료함을 채우며 다시 살아있음을 느끼는 사람도 있다. 이처럼 배움은 거창한 것이 아니다. 좋아하는 것을 더 깊이 알아가고, 새로운 경험을 시도하는 작은 용기에서 시작된다. 중요한 건 그 과정을 즐기고, 배움을 통해 자신의 삶을 다시 사랑하게 되는 것이다.

나이 듦은 피할 수 없는 자연스러운 변화다. 그러나 그 변화를 어떻게 받아들이고 살아갈지는 우리의 선택에 달려 있다. 웰에이징은 바로 지금, 여기에서부터 시작된다. 이 책은 바로 그런 '지금'을 살고 있는 중장년을 위한 이야기다. 은퇴를 앞두었거나 이미 은퇴한 이들, 또는 자녀가 독립하며 새로운 삶의 국면을 맞이한 이 시기, 문득 삶의 방향을 다시 생각하게 되고, 남은 인생을 어떻게 채워갈 것인지 고민하는 이들에게, 웰에이징은 앞으로의 인생을 더욱 나답고 풍요롭게 만들어 줄 나침반이 될 것이다.

웰에이징의 여정을 바다를 항해하는 한 척의 배로 비유하여 실천 방안과 함께 이 책을 구성했다. 이제 우리는 나이 듦의 새로운 항해를 떠난다. 그 항해에는 방향을 세우는 돛, 세상과 이어주는 돛, 앞으로 나아가는 바람을 품은 돛, 그리고 마침내 닻을 내리는 지혜가 필요하다.

먼저 '항해를 위한 돛을 세우다'에서는 건강한 몸과, 마음, 그리고 관계의 힘으로 인생의 기본 균형을 다지는 방법을 다룬다. 배가 제대로 나아가기 위해 필요한 첫 준비이다. 다음으로 '연결의 돛을 달다'에서는 세대 간의 소통과 디지털 기술을 통해 세상과 이어지고, 단절이 아닌 확장의 길을 찾아간다. '돛을 펼쳐 나아가다'에서는 문화와 예술, 취미와 여행을 통해 바람을 타고 삶이 활력을 되찾는다. 나를 기쁘게 하고 세상을 새롭게 바라보는 힘이 여기에 있다. 그리고 마지막 '삶의 닻을 단단히 내리다'에서는 경제적 준비와 죽음에 대한 성찰을 통해 인생의 후반을 흔들림 없이 단단하게 정박해 간다.

이 책은 단순한 조언이 아니라 인생 후반의 항해를 위한 실질적인 나침반이자 돛줄이 되어 줄 것이다. 지금 당신의 삶이라는 배에 올라 배움의 돛을 올리고 웰에이징의 바다를 향해 출항할 시간이다. 어떤 인생 항로를 그릴지는 바로 당신의 선택에 달려있다.

항해를
위한
돛을
세우다

01

몸부터 다듬기

보디빌더이자 단거리 육상 선수로 활동했던 찰스 어그스터Charles Eugster는 늦은 나이에 운동을 시작하는 것이 절대 늦지 않다고 강조했다. 그는 87세가 되어서야 본격적인 근력 운동을 시작하여 트레이너의 도움을 받으며 3일씩 헬스장에서 운동을 하며 근육을 키웠고 95세에 달리기를 시작했다고 한다. 2017년 97세로 세상을 떠나기 전까지 여러 세계 기록을 세우며 활동을 이어갔다. 그는 이런 말을 남겼다. "우리는 나이에 상관없이 몸을 다시 만들 수 있습니다. 나이에 상관없이 새로운 삶을 시작할 수 있어요." 그의 삶은 나이 듦이 끝이 아닌 새로운 시작이 될 수 있음을 보여주는 강력한 증거이다.[1]

우리나라에서도 장수에 대한 관심이 높지만, 수명보다 더 중요한 것은 건강수명(건강을 유지하는 기간)이다. '얼마나 오래 사느냐'보다 '어떻게 건강하게 사느냐'가 더 중요하다는 뜻이다. 웰에이징도 수명보다는 건강수명과 맞물려 있다. 웰에이징은 단순히 오래 사는 것을 넘어, 어떻게 살아가며 의미 있게 사는지를 고민하며 이를 실천해 가는 과정이다. 건강한 몸은 단순히 병이 없는 상태를 넘어서 나이를 긍정적으로 받아들이고 매일의 삶을 온전히 누릴 수 있는 기반이 된다. 건강한 몸을 유지하려면 앞의 찰스 씨와 같이 내 몸을 소중히 여기고 지속적인 관리와 노력이 필요하다. 그렇다면 건강한 몸을 만들고 유지하기 위해서는 어떻게 해야 할까? 가장 중요한 식습관부터 함께 살펴보자.

1 식습관의 재발견

건강한 식습관은 웰에이징의 출발점이다. 매일 무엇을 어떻게 먹느냐에 따라 몸과 마음의 컨디션이 달라진다. 좋은 음식을 먹으면

---

1   'World's fittest 96-year-old, Charles Eugster, shares diet and exercise tips', 〈Today〉, 2016.04.22.

몸이 가벼워지고, 에너지가 생기며, 병에 덜 걸리고 노화도 천천히 찾아온다.

천천히 나이 들기 위한 한국식 MIND 식사법

노화를 막을 수는 없지만 그 속도를 늦추는 것은 가능하다. 정희원 교수는 '저속 노화'를 위한 실천 방법으로 우리가 비교적 쉽게 실천할 수 있는 '한국식 마인드MIND' 식사법을 제안한다. MIND는 Mediterranean-DASH Intervention for Neurodegenerative Delay의 약자로 지중해식 식단(통곡물, 생선, 채소 중심)과 고혈압을 예방하고 관리하기 위해 개발된 대시DASH: Dietary Approaches to Stop Hypertension 식단의 장점을 결합한 식사법이다.[2] 마인드 식사법은 미국에서 개발된 식단이지만, 정희원 교수는 한국인의 입맛과 식문화에 맞게 20여 년 동안 연구해 한국식 버전으로 바꾸었다. 정 교수의 한국식 마인드 내용을 간단히 요약하면 다음과 같다.[3]

---

2   '서울아산병원 정희원 교수, 〈저속노화 식사법〉 출간', 서울아산병원 뉴스룸, 2024.07.29.
3   '무시무시한 당뇨, 먹는 순서부터 바꾸세요 – 정희원 교수(서울아산병원 노년내과)', 〈KBS〉 뉴스, 2024.05.16.

구분	항목	내용
원칙	식단	• 식사 중 혈당지수를 천천히 올리도록 구성(예: 흰쌀밥 대신 콩을 넣은 잡곡밥 짓기)
	조리 방식	• 튀기기보다는 삶거나 찌기, 기름은 올리브오일 사용
섭취 권장	주요 식품군	• 현미, 보리 등 통곡물, 콩, 채소, 베리류, 견과류, 생선, 가금류, 올리브오일 등을 적극 활용
	건강한 단백질	• 콩을 다힘으로써 '친킹한 난백질'의 섭쉬늘 들리기 • 강낭콩, 완두콩, 검은콩, 서리태, 병아리콩, 렌틸 등 모두 건강에 유익 • 육류는 생선, 가금류 위주로 섭취하고 붉은 고기와 가공육류, 치즈 등은 조금만 섭취
	건강한 지방	• 올리브오일과 같은 불포화 지방 사용
	비타민과 미네랄 섭취	• 영양제 대신 채소와 과일 많이 먹기
섭취 제한	피할 음식	• 과자, 탄산음료, 흰빵 등 단순당과 정제 곡물 섭취 줄이기
	술	• 술은 하루 와인 한잔 정도까지로 절주
	간식	• 튀김과 과자 등은 트랜스지방을 포함하여 몸에 염증을 일으키고 혈당을 더 많이, 더 빠르게 올리는 몸을 만듦 • 튀김 주 1회 이하, 과자는 한 번 먹을 때 30g 미만으로 일 주일에 최대 네 번까지만 먹는 것을 권고

한국식 식단의 주의점과 개선 방안

한국의 전통 식단은 꽤 건강한 편이다. 잡곡밥, 나물, 된장 같은 발효 음식이 주를 이루기 때문이다. 하지만 한 끼에 여러 종류의 요리와 반찬을 같이 먹다 보니 과식이나 소화 불량이 생기기도 한다. 과식은 소화기관에 과도한 부담을 주며, 대사 속도를 느리게 하고 염증 반응을 일으킬 수 있다. 특히, 한 끼에 고기, 생선, 탄수화물을 동시에 섭취하면 소화 효소의 효율성이 떨어지고 소화 시간이 길어진다. 이는 소화불량, 복부 팽만, 대사 질환의 위험을 증가시킬 수 있다. 그리고 다양한 반찬이 제공되면서 지방, 단백질, 탄수화물의 과잉 섭취가 발생할 수 있다. 예를 들어, 고기와 생선을 동시에 섭취하면 단백질 섭취량이 필요 이상으로 증가하며, 과도한 단백질 섭취는 신장 기능에 부담을 줄 수 있다. 한편, 탄수화물이 많은 밥, 국수, 전 같은 음식이 한 끼에 포함되면 혈당 지수가 높아질 수 있다. 이는 식사 후 급격한 혈당 상승을 초래하며, 인슐린 저항성과 당뇨병의 위험을 증가시킨다.

한 끼에 다양한 요리와 반찬을 섭취하는 한국 식단에 대비해 다음 쪽의 사진[4]을 살펴보자. 세계 장수촌으로 유명한 이탈리아의 사르디니아Sardinia섬에 사는 사람들이 식사를 하는 모습을 보며 배울 필요가 있다. 한국에서는 친지와 친구들을 초대한 자리라면 더욱이 상다리가 부서질 정도로 한 상 가득 채우며 다양한 요리와 반찬을 준비하겠지만, 사진에서 보는 것처럼 사르디니아 사람들은 다르다. 이렇게 간소한 식탁이라면 우리 몸의 소화 기관에 무리를 주지 않음은 물론이요, 식사를 준비하는 사람의 부담이 훨씬 적어서, 가족이든

---

[4] Dan Buettner, *The Blue Zones: Lessons for Living Longer from the People Who've Lived the Longest*, 내셔널지오그래픽, 2008.

이웃이든 누구와도 부담 없이 식사를 함께하며 만남을 가질 수 있을 것이다. 실제로 이와 같은 간단한 식단과 적은 양의 음식 섭취는 건강수명을 늘리는 중요한 비법이다.

이처럼 건강한 식단은 복잡하거나 비싸지 않다. 매일 먹는 음식을 조금씩 바꾸고, 좋은 습관을 들이면 몸이 건강해지고 에너지가 넘칠 것이다. 건강수명을 늘리기 위해 아래의 몇 가지 실천 팁을 들여다 보자.

- **소량씩 천천히 먹기**: 적은 양을 천천히 먹도록 노력해 보자. 식사 전에 채소와 단백질을 먼저 섭취하면 혈당 상승을 완화하고 과식을 예방할 수 있다.
- **하루 식단 계획 세우기**: 건강한 식습관이 몸에 자연스럽게 배기 위해서는 초반에 조금 더 주의와 노력이 필요하다. 세 끼 식사와 간식을 미리 계획하면 가공식품을 덜 먹고, 영양 균형을 지키기 쉬워진다. 이런 실천을 반복하다 보면 점차 몸이 건강식에 길들여지고, 시간이 갈수록 특별히 신경 쓰지 않아도 자연스럽게 몸에 좋은 음식을 선택하게 될 것이다.
- **건강한 단맛**: 설탕이 든 음료나 디저트를 즐긴다면, 차근차근 줄여보자. 예를 들어, 설탕 대신 꿀이나 메이플 시럽 같은 자연 감미료를 사용하라. 탄산음료나 단 음료 대신 허브티나 레

몸을 넣은 물로 갈아타는 것도 좋다. 디저트가 필요하다면, 신선한 과일 몇 조각이 훌륭한 선택이다.

- **간식 바꾸기**: 과자 대신 견과류, 말린 과일, 요거트를 선택해 보자. 이렇게 하면 불필요한 칼로리와 나쁜 지방 섭취를 줄일 수 있다. 에어프라이기를 활용해 고구마스틱이나 감자 구이를 만들어 먹는 것도 좋은 아이디어다.

건강을 위한 식습관은 금세 결과가 나타나지 않더라도, 시간이 지나면 반드시 보답을 준다. 몸이 가벼워지고, 아침에 덜 피곤하고, 기분도 더 좋아질 것이다.

2 움직이면 달라진다

하버드대학교의 다니엘 리버만Daniel Lieberman 교수는 인간이 걷고 달리도록 진화한 존재라고 말한다. 우리의 몸은 수렵과 채집으로 생계를 유지하던 조상들처럼, 끊임없이 움직이며 살아가도록 설계되어 있다는 것이다.[5] 이처럼 진화적 관점에서 신체 활동은 지극히 정상적이고 자연스러운 것이다. 그런데 지금 우리는 너무나 다른 환경 속에서 살아가고 있다. 하루 종일 앉아 있고, 슈퍼마켓에 가면 음식이 넘쳐 난다. 리버만 교수는 우리가 겪고 있는 대부분의 만성 질환은 우리의 유전자와 환경 간의 부조화에서 비롯되었다고 한다. 우리의 유전자는 활동적인 삶을 전제로 만들어졌는데, 우리의 오늘날 환경은 그와 정반대이기 때문에 몸과 마음에 다양한 문제가 생긴다는 것이다. 우리가 수렵-채집을 하던 때에는 활동적이지 않으면 생존할 수 없었다. 우리는 본래 자주 움직이며 적당히 먹도록 설계된 존재이다. 그런데 지금은 너무 많이 앉아 있고, 너무 쉽게 많이 먹는다. 이 불일치가 바로 우리가 겪는 많은 만성 질환의 원인인 셈이다.

운동은 보약, 좌식 생활은 독약

운동은 건강을 위한 최고의 처방전이다. 흡연, 체중 등 여러 요소를 함께 고려한 연구에서도, 운동이야말로 건강과 장수를 좌우하는 가장 중요한 요인으로 꼽힌다.[6] 90세가 넘은 사람에게도 운동의 효과는 큰 것으로 나타나 있다. 어떤 것도—약이나 다른 생활 습관 개

---

5   Daniel Lieberman, *The Story of the Human Body: Evolution, Health, and Disease*, Vintage, 2014.
6   Gabrielle Lyon, *Forever Strong: A New Science-based Strategy for Aging Well*, Atria Books, 2023.

선책조차도—운동만큼 다방면에서 영향을 미치지는 못한다.

운동은 나이 드는 과정을 막을 수는 없지만, 건강하고 활기찬 삶을 오래 이어가도록 돕는다. 운동은 체력을 지키고, 유연성과 균형 감각을 유지하게 하며, 심장과 폐, 혈관, 대사 기능에도 긍정적인 영향을 준다. 수면 인지 기능 저하를 막아주고, 심장병과 일부 암의 위험도 낮춰준다. 혈압을 안정시키고, 혈전 생성을 억제하며, 당뇨 예방에도 효과적이다. 더불어, 운동은 뇌를 더 잘 작동하게 하고, 근육이 염증을 줄이는 호르몬을 만들도록 자극하는 등 수많은 이점을 지닌다.

그런가 하면, 가만히 앉아 있는 생활은 건강에 매우 해롭다는 점을 인지하는 것이 중요하다. 지나치게 오래 앉아 있는 것은 질병과 조기 사망의 위험을 높일 수 있는데, 이는 심지어 규칙적으로 운동을 한다 하더라도 예외가 아니다.[7] 실제로 2012년 24만 명 이상의 건강한 성인을 대상으로 한 미국의 대규모 연구에서 앉아 있는 시간이 길수록 심장병과 암으로 인한 조기 사망 위험이 증가하는 것으로 나타났다.

하루에 7시간 이상 TV를 보는 사람은, 그렇지 않은 사람보다 모든 원인으로 인한 사망 위험이 50%나 높아지고, 심장병으로 사망할

---

[7] Judy Foreman, *Exercise Is Medicine: How Physical Activity Boosts Health and Slow Aging*, Oxford University Press, 2019.

확률은 두 배나 증가했다. 이것은 앉아 있는 행동이 단순히 운동을 안 하는 것과는 다른, 별개의 건강 문제라는 뜻이다.

왜 이렇게 해로울까? 오래 앉아 있으면 내장 지방이 늘어나고, 이는 만성 염증을 유발할 수 있고, 인슐린 저항성(당뇨병의 전조), 동맥 경화, 심지어 신경 퇴행 같은 문제로 이어질 수 있다. 좌식 생활의 위험성은 여기서 끝나지 않는다. 고지혈증, 대사 증후군, 담석, 천식, 치매, 관절염, 우울증 등 다양한 질환들과도 연결되어 있다. 특히 좌식 생활은 심장 건강에 매우 해롭다. 특히 좌식 생활은 심장 건강에 큰 해를 끼친다. 오래 앉아 있으면 혈액 순환이 원활하지 않아 혈전이 생길 위험이 증가하는데, 이 혈전은 혈관을 막아 심각한 심혈관 질환으로 이어질 수 있어 각별한 주의가 필요하다.

그렇다면 방법은 없을까? 다행히 있다. 하루 8시간을 앉아 있어야 하는 상황이라도, 하루에 60~75분 정도 고강도 운동을 하면 사망률이 높아지지 않는다고 한다. 또한 매시간 2분씩만 일어나 움직여도 큰 도움이 된다. 가능하면 한 번에 30분 이상 계속 앉아 있지 않는 습관을 들이는 것이 좋다.

웰에이징을 위한 근육 건강

가브리엘 라이언Gabrielle Lyon 박사는 근육이 장수를 위한 주요 기관이라고 강조하며, 근육량을 유지하는 것이 신체의 대사 건강과 면역력을 지키는 핵심이라고 한다.[8] 그녀는 우리가 살을 빼거나 몸속 지방을 없애는 데에만 지나치게 혈안이 되어 있는 것을 비판하며 건강한 삶을 위해서는 건강한 근육을 만드는 것이 우선이라고 말한다. 근육이 부족하면 대사 속도가 떨어지고, 만성질환의 위험이 증가한다. 또한 나이가 들어 근육량이 줄어들면 낙상의 위험이 커지고, 회복력이 저하되어 독립적인 생활이 어려워질 수 있다. 이처럼 근육은 단순히 외적인 강도를 나타내는 것이 아니라, 대사 건강, 면역 기능, 그리고 인지 기능까지 포함한 전반적인 웰빙에 필수적이다. 따라서 근육을 강화하는 것은 단순한 체력 향상을 넘어 삶의 질을 보장하는 투자라고 할 수 있다.

라이언 박사가 제안한 근육 운동 방법은 다음과 같다.

① **고강도 간헐적 운동** High-Intensity Interval Training, HIIT

체력이 충분한 경우, 짧은 시간 동안 강하게 운동을 하고, 운동과 운동 사이에 휴식을 취하는 형태의 고강도 간헐적 운동이 효과적이다. 이런 운동은 심폐 지구력을 크게 끌어올리고, 시간 대비 높은 운동 효과를 제공한다. 다만, 이러한 운동은 충분한 체력이 뒷받

---

8   Gabrielle Lyon, 앞의 책, 2023.

침되어야 하며, 무리한 강도는 피해야 한다. 운동 강도를 체크할 때는 '최대심박수'를 기준으로 삼고 최대심박수의 90%에 이르는 고강도로 짧은 시간 운동하고 휴식해야 한다. 최대심박수를 계산하는 방법은 '220-나이'를 하면 되는데, 예를 들어 현재 내가 50세라면 220-50=170으로, 최대심박수는 170이 되고, 이의 90%는 170×0.9=153, 따라서 내 최대심박수의 90%는 153이 된다. 즉, 고강도 운동 시 심박수가 153 정도까지 올라가는 걸 목표로 한다는 뜻이다. 요즘은 스마트워치(갤럭시워치, 애플워치 등)나 스마트밴드(핏빗, 샤오미 미밴드 등)를 착용해 실시간으로 심박수를 손쉽게 확인할 수 있으니, 운동 강도를 조정할 때 유용하게 활용할 수 있다.

② **저강도 지속 운동** Zone 2 Training

고강도 간헐적 운동을 버티며 할 만한 체력이 부족하다면, 저강도로 오래 운동하는 운동이 좋다. 저강도 지속 운동은 자기 최대 심박수의 약 60~70%를 유지하며 긴 시간 동안 운동하는 것을 말한다. 심박수를 정확히 측정하기 어렵다면, 운동 중에도 정상적으로 대화할 수 있고, 입을 다문 채 호흡하는 데 힘들지 않은 정도라고 보면 된다. 걷기, 자전거 타기, 로잉머신 운동 등을 꾸준히 하면 심혈관 건강을 증진하고, 피로감을 줄이며, 전반적인 활력을 높이는 데 큰 도움이 된다. 특히 장시간 앉아 있는 현대인들에게 이러한 저강도 지속 운동은 건강을 지키기 위해 필수적이다.

③ 근력 운동

근육량을 유지하기 위해 아령, 저항 밴드, 또는 체중을 활용한 운동을 포함해야 한다. 여기서 체중을 활용한 운동이란, 특별한 기구 없이 내 몸의 무게만을 이용해서 하는 근력 운동을 말한다. 대표적인 예로는, 하체 근력을 강화하기 위한 스쿼트, 코어 근육 강화를 위한 플랭크, 가슴·팔·어깨 근육 강화를 위한 팔굽혀펴기 등이 있다. 체중 운동의 장점은, 장소나 장비 제약 없이 언제 어디서나 할 수 있고, 부상 위험이 상대적으로 낮다는 점이다. 또한 중장년층이나 초보자도 자신의 수준에 맞춰 쉽게 조절할 수 있다. 고령층의 경우, 주 2~4회 근력 운동을 꾸준히 실천하면 근육량과 기능을 유지하는 데 매우 효과적이다. 근력 운동은 단순히 근육을 강화하는 데 그치지 않고, 뼈 밀도를 높이고, 관절 건강을 유지하며, 대사 속도를 향상시키는 데에도 중요한 역할을 한다.

④ 균형과 유연성을 위한 운동

태극권 같은 운동은 유연성을 향상하고 균형 감각을 키워 낙상을 예방하는 데 효과적이다. 태극권은 동작이 느리고 부드러워 나이가 들어도 쉽게 따라 할 수 있는 운동이다. 특히 65세 이상에서는 낙상이 치명적인 결과를 가져올 수 있기 때문에 균형 감각을 기르는 운동은 꼭 필요하다. 태극권은 신체의 유연성과 균형을 기를 뿐 아니라, 마음을 차분히 하고 정서적 안정에도 도움을 준다.

웰에이징을 위한 운동 추천

나이가 들어도 활기차고 건강하게 살아가는 비법은 생각보다 간단하다. 바로, 나에게 맞는 운동을 찾고 꾸준히 즐기는 것이다. 위에서 소개한 근력 강화 운동 외에도, 우리 주변에는 손쉽게 시작할 수 있는 다양한 운동법들이 있다. 지금부터 소개될 운동들은 누구나 쉽게 접근할 수 있으며, 즐거움을 느끼며 오래 지속할 수 있는 것들이다.

① 걷기

걷기는 가장 간단하면서도 효과적인 운동이다. 특별한 장비 없이, 어디서나 바로 시작할 수 있다. 집 앞 공원에서 산책을 하거나, 좋아하는 음악을 들으며 동네를 걷는 것만으로도 충분하다. 걷기는 심장 건강을 지켜주고, 관절에도 무리가 적다. 하루 30분(대략 3,000보)씩 걷는 것만으로도 건강뿐 아니라 기분도 상쾌해진다.

② **요가**

요가는 몸과 마음을 함께 스트레칭해 주는 운동이다. 유연성을 유지하고, 균형 감각을 키우는 데 도움이 된다. 마음을 안정시키고 스트레스를 해소하는 데도 효과적이다. 유튜브 등에서 요가 동영상을 보며 호흡이나 간단한 동작을 따라 해도 좋고, 동네 요가 수업에 참여해 새로운 사람들과 교류하는 것도 좋은 방법이다.

③ **수영**

수영은 관절에 부담을 주지 않으면서도 전신을 고르게 사용하는 최고의 운동 중 하나이다. 심장 건강을 강화하고, 근육을 탄탄하게 만들며, 특히 관절염이나 관절 통증이 있는 사람들에게 적합하다. 물 속에서 운동하면 몸이 편안하게 지지되어 운동 후 상쾌함도 느낄 수 있다.

④ **스트레칭과 가벼운 근력 운동**

아침에 일어나 스트레칭을 하면 하루가 훨씬 더 활기차게 시작된다. 스트레칭은 유연성을 높이고 근육 뭉침을 풀어주는 데 효과적이다. 여기에 작은 아령을 드는 운동이나, 의자를 이용한 스쿼트 같은 간단한 근력 운동을 추가하면 근육 강화에도 도움이 된다. 작은 습관이 큰 변화를 만든다.

⑤ 등산

자연 속을 걷는 등산은 신체 건강은 물론, 정신 건강에도 매우 긍정적인 영향을 준다. 맑은 공기를 들이마시며 나무 사이를 걷는 것만으로도 스트레스가 해소된다. 높은 산이 부담스럽다면 가까운 언덕이나 하이킹 코스부터 시작해도 좋다. 등산은 운동과 자연을 함께 즐길 수 있는 최고의 방법이다.

⑥ 댄스

운동도 재미있어야 오래 지속할 수 있다. 자기가 좋아하고 자신에게 맞는 댄스를 찾는다면 더할 나위 없을 것이다. 좋아하는 음악에 맞춰 자유롭게 춤을 추는 것만으로도 훌륭한 유산소 운동이 된다. 즐거운 음악과 함께 하는 댄스는 유산소 운동과 동시에 기분 전환에도 좋다. 집에서 혼자 즐겨도 좋고, 동네 댄스 동호회에 가입해 새로운 사람들과 함께 즐기는 것도 멋진 경험이 될 것이다. 그룹 활동으로 사회적 유대감을 강화할 수도 있다. 댄스는 나이를 불문하고 누구나 쉽게 시작할 수 있는 운동이다.

이처럼 운동은 단순히 개인의 건강을 위해서만 하는 활동이 아니다. 친구와 함께 산책하거나 요가나 댄스 수업에 참여하는 것처럼 사람들과 어울리며 운동을 하면 꾸준히 계속하기가 훨씬 쉬워진다.

이렇게 운동을 통해 자연스럽게 사회적 교류가 이루어지면 몸뿐만 아니라 마음도 더 편안해지고 안정감을 느낄 수 있다. 사람들과 함께 운동하는 경험은 혼자 운동할 때보다 더 큰 힘이 되고, 이런 사회적 만남은 웰에이징에 꼭 필요한 부분이다. 그래서 운동은 신체 건강을 지키는 것뿐 아니라 정서적 안정과 삶의 만족도를 높이는 데도 큰 도움이 된다. 운동을 통해 몸과 마음이 모두 건강해지는 것은 더 나은 삶을 위한 중요한 열쇠다.

3 잘 자는 법

수면은 단순한 휴식 그 이상이다. 하루 동안 쌓인 피로를 풀고, 몸과 마음이 다시 힘을 낼 수 있도록 도와주는 중요한 시간이다. 잘 자면 몸은 다친 곳을 고치고, 면역력을 키우며, 머릿속에 쌓인 불필요한 정보와 독소도 정리한다. 충분한 잠은 심장병이나 당뇨, 비만, 치매 같은 만성질환의 위험을 줄여주고, 식욕을 조절하는 호르몬도 균형 있게 만들어 준다. 반대로 잠이 부족하면 몸과 마음에 문제가 생기기 쉽다. 배가 더 자주 고프고, 건강하지 않은 음식에 손이 가기 쉬우며, 피로가 쌓이고 기분도 가라앉으면서 삶의 즐거움이 줄어든다. 특히 나이가 들수록 이런 회복 과정이 더 중요해지기에, 웰에이 징을 위해서는 '얼마나 잘 자느냐'가 아주 중요하다.

잘 잔다는 건?

세계보건기구WHO는 성인이 하루 7~9시간 정도 자는 것을 권장한다.[9] 한국 사회에서는 잠이 부족한 경우가 많은데, 이런 부족한 잠이 노화를 빨리 진행시키는 중요한 원인이 되기도 한다. 하지만 단순히 몇 시간 잤는지가 중요한 게 아니라, '얼마나 깊게 잘 잤느냐'가 더 중요하다. 다시 말해 수면 시간뿐 아니라 수면의 질도 꼭 실펴야 한다는 뜻이다. 얕은 잠을 자거나 자주 깨면, 몸의 피로가 제대로 풀리지 않고 면역력도 떨어지며 우울감까지 더해질 수 있다.

좋은 수면은 오래 누워 있는 것보다 깊은 잠과 자는 동안 빠른 눈 움직임REM이 균형 있게 이루어지는 상태를 말한다. 양질의 수면은 다음과 같은 특징을 가진다.

- 잠들기까지 오래 걸리지 않는다. 보통 15~20분 이내에 자연스럽게 잠에 빠진다.

---

9 '적정 수면시간 7~9시간? 나이마다 다르다', 〈주간조선〉, 2021.07.29.

- 밤중에 깨는 일이 드물다. 혹 깨어도 금방 다시 잠들 수 있다.
- 아침에 개운하게 눈을 뜬다. 전날 피로가 풀리고 머리가 맑아지는 느낌이다.

그렇다면 어떻게 하면 더 잘 잘 수 있을까? 다음은 수십 년간 세계 장수촌을 연구한 자료를 바탕으로, 코넬 수면의학센터가 제안하는 양질의 수면을 위한 침실 체크리스트다.

잘 자기 위한 침실 체크리스트

① 편안한 매트리스와 베개 사용

침대는 편안해야 한다. 침대를 고를 때 매트리스가 몸을 잘 받쳐주고 꺼지지 않는 것을 선택한다. 구매 전에 10분 이상 누워보고 허리와 어깨가 편안한지 확인하는 것이 좋다. 베개는 목을 압박하지 않으면서 머리를 자연스럽게 지지해 주는 것이 중요하다. 매트리스는 보통 8~10년 주기로 교체하는 것이 권장된다. 불편한 침대는 '잠' 대신 '뒤척임'으로 밤을 채우게 만든다. 그래서 좋은 침대를 고르는 건 '잠의 VIP 티켓'을 얻는 것과 같다.

② 침실 온도 시원하게 유지

너무 덥거나 너무 추우면 깊은 잠을 방해한다. 방 온도가 12도 이하나 24도 이상이 되면 쉽게 잠에서 깰 수 있다. 수면 전문가들은 적정 온도를 18~20도로 추천한다. 프로그래밍 가능한 온도조절기가 있다면, 수면 시간에 맞춰 자동으로 이 온도로 조정되게 설정하라. 조금 춥다 싶으면 담요를 한 겹 추가하면 되고, 더우면 얇은 이불로 바꾸면 된다.

③ 빛 차단

빛 역시 수면에 큰 영향을 준다. 우리 몸의 생체 시계는 빛에 따라 조절된다. 해가 지고 어두워지면 뇌는 수면 호르몬인 멜라토닌을 분비해 몸을 잠들 준비 상태로 만든다. 반대로 밝은 빛을 쬐면 뇌는 아직 깨어 있을 시간이라고 착각한다. 특히 인공조명이나 전자기기에서 나오는 푸른 빛(블루라이트)은 멜라토닌 분비를 억제해 잠들기 어렵게 만든다. 침실을 어둡게 유지하는 것은 수면 리듬을 자연스럽게 회복시키는 데 도움이 된다. 침실의 빛을 차단하기 위해 다음을 실행해 보자.

- 커튼이나 블라인드로 외부 빛을 최대한 막는다. 도시의 가로등이나 야외 보안등 빛 등은 숙면을 방해할 수 있다. 빛 차단

기능이 있는 커튼이나 두꺼운 블라인드로 침실을 어둡게 만든다.
- 잠자리에 들기 한 시간 전 집안의 모든 조명을 낮추는 습관을 들이자. 은은한 조명 아래서 몸과 마음이 잠들 준비를 할 수 있도록 돕는다.
- 발광 화면이 있는 디지털 시계는 치운다. 작은 LED 불빛도 수면 호르몬(멜라토닌) 분비를 억제할 수 있다. 시계를 시야에서 숨기면 밤새 시계를 보며 불안해하는 것도 방지할 수 있다.

④ 침실에서 TV, 컴퓨터, 휴대폰을 제거

침대에서 스마트폰을 만지작거리다가 새벽을 맞은 경험, 누구나 한 번쯤 있을 것이다. 하지만 스마트폰, TV, 컴퓨터 화면에서 나오는 빛은 잠을 방해하는 '숙면의 적'이다. 침실에서는 가능한 한 디지털 기기를 없애자. 침실에서 TV를 보거나 음식을 먹지 말자. 침실은 오로지 '잠'과 '휴식'만을 위한 공간으로 사용해야 한다. 그래야 몸도 "이 방에선 잠자는 것만 하면 돼"라고 기억한다.

낮의 습관이 밤의 잠을 만든다

수면을 잘 하려면 낮 동안의 생활 습관을 조절하는 것이 중요하다.[10] 정희원 교수에 따르면, 스트레스가 있더라도 생체리듬이 잘 유지되면 수면에 큰 도움이 된다. 정희원 교수 역시 '빛 관리'를 생체리듬 조절에서 핵심이라고 한다. 아침에는 자연광을 충분히 쬐고, 밤에는 빛을 차단해야 한다는 것이다. 이에 더해 그는 오후 산책을 권장한다. 오후 3~4시쯤 해가 기울기 시작할 때 가볍게 걷는 것은 수면을 유도하는 멜라토닌 분비를 돕고, 몸을 적당히 피로하게 만들어 잠을 잘 오게 한다고 한다. 다만, 자기 전 4시간 이내에 강한 운동을 하면 교감신경이 활성화되어 오히려 잠들기 어려울 수 있으니, 신체 활동은 이른 저녁 이전에 마치는 것이 좋다.

---

10 '가속노화의 가장 큰 원인, 수면장애 – 정희원 교수(서울아산병원 노년내과)', 〈KBS 뉴스〉, 2024.04.25.

4 생활 양식을 바꿔야

잘 먹고, 규칙적으로 운동하고, 잘 자는 것이 건강하고 오래 사는 데 중요하다는 것은 누구나 알고 있다. 그런데 왜 이렇게 꾸준히 실천하기가 어려운 걸까? 그 이유는 건강한 생활 습관을 바꾸는 일이 하루아침에 쉽게 이루어지지 않기 때문이다.

건강한 몸을 만들려면 먼저 자신의 일상 습관을 돌아봐야 한다. 운동, 균형 잡힌 식사, 좋은 잠 같은 건강한 습관을 별도로 하려고 하기보다는, **일상의 일부**로 자연스럽게 생활 속에 녹여내는 것이 중요하다. 단지 '운동해야지' 하고 마음먹는 것만으로는 부족하다. 걷기, 계단 오르기, 정원 가꾸기 같은 작은 활동들을 평소 생활에 조금씩 섞어, 몸을 움직일 기회를 늘려야 한다.

그렇다면 어떻게 생활 습관과 양식을 바꿔 지속 가능한 건강을 만들어 갈 수 있을까? 그 비법을 세계 장수촌, 블루존에서 배워 보자.

블루존에서 배우는 지속 가능한 웰에이징

댄 뷰트너Dan Buettner는 2000년대 초반에 전 세계 여러 지역을 찾아다니며, 오래 살면서도 건강하게 몸과 마음을 유지하는 사람들을 연구했다. 그는 이런 특별한 지역들을 '블루존Blue Zone'이라고 불렀다.[11] 조사 결과, 블루존 사람들은 주로 채소와 통곡물 위주의 식사를 하고, 일상 생활에서 매 20분마다 자연스럽게 몸을 움직이며 살아가는 것으로 나타났다. 중요한 점은, 블루존 사람들이 특별한 신체나 유전자를 가지고 있어서 그런 게 아니라는 것이다.

그들은 건강이나 장수를 '목표'로 삼아 애쓰지 않았다. 대신, 건강을 유지하기 쉬운 환경에서 살아서 보다 자연스럽게 건강하고 오래 살 수 있는 것이다. 이 말은, 건강과 장수를 위해서는 개인의 의지만으로는 부족하고, 내가 살고 일하는 환경을 바꾸는 일이 더 중요하다는 뜻이다. 결국, 내가 생활하는 공간을 어떻게 블루존처럼 건강하고 편안한 곳으로 만드는지가 가장 큰 열쇠다.

생활 속 블루존 실천

내가 사는 집이나 생활 방식을 어떻게 바꾸면 블루존으로 만들 수 있을까? 댄 뷰트너가 2023년에 쓴 책에서 일상 속에서 몸을 더 많이 움직일 수 있는 방법을 이렇게 소개하고 있다.

---

11 'The Blue Zones: Lessons for Living Longer from the People Who've Lived the Longest', 내셔널지오그래픽, 2008.

- 저울을 눈에 잘 띄는 곳에 두고 매일 한 번씩 몸무게를 확인해 보자.
- 집에는 TV를 하나만 두는 게 좋다.
- 전동 공구 대신 손으로 직접 사용하는 수공구를 사용해 보자.
- 자신만의 작은 정원이나 식물을 키우거나 돌보는 시간을 가져 보자.
- 자전거 한 대쯤은 갖고 있으면 좋다.
- 다음 물건 중에서 네 가지 이상은 꼭 갖추자: 워킹화, 러닝화, 줄넘기, 요가 매트, 아령, 농구공, 축구공, 골프채, 롤러블레이드, 캠핑 용품.
- 집 안에 운동할 수 있는 공간을 마련해 보자.
- 바닥에 쿠션이나 매트를 깔아 몸을 움직이기 편하게 만들자.

위 내용을 보면, 집에서 식물을 가꾸거나 간단한 공구를 사용하는 것처럼 자연스럽게 몸을 움직일 수 있는 활동을 권하고 있다. 또 자전거나 편한 운동화, 요가 매트, 아령 같은 도구를 갖추면 집 밖이나 자연 속에서도 운동을 즐길 수 있다. 운동이라고 해서 꼭 헬스장에서 힘들게 땀을 흘려야 하는 것은 아니다. 걷기, 가벼운 요가, 자전거 타기, 계단 오르기처럼 일상 속에서 할 수 있는 운동 방법이 다양하다. 가장 중요한 것은 비싸고 어려운 운동보다 꾸준히 몸을 움직이는 습관을 만드는 것이다. 일상을 신체 활동으로 자연스럽게 채우는 것이 건강한 몸을 만드는 데 큰 도움이 된다.

주방을 블루존처럼 만들기

댄 뷰트너는 블루존 사람들의 주방에도 관심을 가졌다. 그들이 음식을 어떻게 준비하고 조리하는지 자세히 살펴본 것이다. 블루존 사람들의 주방은 통곡물과 식물성 재료를 맛있게 요리할 수 있도록 되어 있었다. 또, 손으로 직접 조작하는 도구들을 사용해 음식을 준비하는 과정이 자연스럽게 몸을 움직이게 하면서, 마음을 편안하게 하는 명상 같은 시간이 되었다.

그는 블루존 주방을 만들기 위해 다음의 네 가지를 제안한다.

- 건강한 식재료는 눈에 잘 띄는 곳에 두는 것이 좋다.
- 건강하고 맛있는 음식을 빠르고 쉽게 만들 수 있도록 주방에 필요한 조리 도구와 기구를 잘 준비하자.
- 요리할 때는 안전을 항상 먼저 생각해야 한다.
- 손으로 직접 사용하는 수동 도구를 활용하면 자연스럽게 몸도 움직이게 된다.

이를 실천하기 위한 구체적인 방법은 다음과 같다.

- 건강한 재료와 음식을 눈에 잘 띄는 곳에 두고, 가공식품은 잘 보이지 않는 곳에 두는 것이 좋다.
- 가스레인지, 싱크대, 냉장고를 삼각형 모양으로 배치하면 요리할 때 동선이 편해지고 더 즐겁게 요리할 수 있다.
- 도마, 냄비, 프라이팬, 식기 등은 손이 잘 닿는 편리한 곳에 두는 것이 좋다.
- 작은 냉장고나 저장 공간을 활용해 신선한 재료를 자주 사서 적은 양씩 먹는 습관을 들이자.
- 주방을 깔끔하게 정리하고 조명을 충분히 밝게 해 안전하고 쾌적한 요리 환경을 만들어야 한다.
- TV 같은 전자기기는 주방에서 치워서 요리에 집중할 수 있게 하자.

블루존에서 건강하게 장수하는 사람들의 특징이 고강도의 운동을 하지 않지만 가사 노동 등을 통해 일상생활에서 끊임없이 몸을 움직이는 것이었다. 몸을 꾸준히 움직이는 환경을 만들고, 건강한 식사를 쉽고 즐겁게 준비할 수 있는 공간을 만들면 우리 집과 일터를 블루존과 같이 만들 수 있다.

5 작은 실천이 만드는 건강한 몸

몸은 우리 삶을 움직이는 동력이다. 건강한 몸을 가꾸는 일은 단순히 병을 예방하는 것을 넘어서, 나이가 들어서도 즐겁고 활기찬 삶을 유지할 수 있게 해 준다. 작은 변화부터 시작해 보자. 오늘 밖에 나가 산책하기, 한 끼 건강한 식사, 10분 스트레칭, 그리고 하루 밤의 편안한 잠으로도 몸과 마음이 확연히 달라진다.

이런 건강 습관은 지금부터 시작해도 전혀 늦지 않다. 나이가 들수록 몸에는 기능 저하나 통증 같은 변화가 쌓일 수 있지만, 생활 방식을 바꾸면 그 변화를 늦추거나 되돌릴 수 있다. 예를 들어, 암은 세포에 여러 번의 돌연변이가 쌓인 끝에 생기는 병이다. 그런데 만약 어떤 세포가 암으로 발전하기까지 단 하나의 돌연변이만을 남겨 두고 있다면, 그 마지막 변이를 막는 것만으로도 암을 예방할 수 있다. 이런 이유로 언제 시작하느냐보다 지금 시작하는 것이 더 중요하다.

운동에 관한 연구도 고령자에게 운동이 큰 도움을 준다는 사실을 보여 준다. 특히 처음부터 건강이 좋지 않았던 사람에게 더 효과적이다. '나무를 심기에 가장 좋은 때는 20년 전이지만, 두 번째로 좋은 때는 바로 지금'이라는 말처럼, 지금 시작하는 것이 가장 좋은 선택이다.

  웰에이징은 더 좋은 삶을 향해 나아가는 과정이다. 그러려면 우리 몸을 오랫동안 함께할 친구처럼 소중히 여기고 잘 돌보는 마음가짐이 필요하다. 그리고 **웰에이징은 꾸준히 지속하는 생활 습관에서 나온다**. 숨을 지키거나, 작은 변화라도 매일 실천하면, 그것들이 모여 건강한 몸을 만든다. 지금부터라도 일상에서 건강한 선택을 해 보자. 오늘의 작은 실천이 내일의 나와 내 삶을 바꾸기 때문이다. 몸을 움직이는 작은 습관이 인생을 크게 바꿀 수 있다.

💬 오늘부터 한 가지

지금 앉아 있다면, 잠시 일어나 3분 스트레칭 하자

----

① 천천히 일어나 두 팔을 머리 위로 쭉 뻗는다.

② 기지개 켜듯 늘려준 뒤, 크게 원을 그리며 돌려준다.

③ 목도 시계 방향으로, 반시계 방향으로도 돌려 풀어준다.

④ 이제 허리에 손을 짚고 옆구리를 좌우로 살짝 늘려보자.

⑤ 허벅지와 종아리 근육도 스트레칭하며 풀어준다.

이 간단한 움직임이 내 몸을 깨우고, 오늘 하루를 조금 더 건강하게 만든다.

02

마음 다잡기

"건강한 노화는 생물학적 과정이 아니라 심리적 선택입니다."

하버드대 심리학과의 엘렌 랭어Ellen Langer 교수는 70~80대 초반 노인을 대상으로 '시계 거꾸로 돌리기 연구counter clockwise study'를 시작했다. 면접을 거쳐 선발된 사람들은 거동조차 쉽지 않은, 얼굴에 검버섯 가득한 노인들이었다. 엘렌은 참여자들에게 20년 전으로 완벽하게 꾸며진 집에서 일주일간 행동하라고 주문했다. 예를 들어, 그 시절 뉴스와 영화를 보게 하고 무거운 짐 나르기와 설거지, 빨래 등을 직접 하도록 했다. 이렇게 타임머신을 타고 과거의 삶으로 회귀한─자신이 젊어졌다고 상상한─결과는 대단했다. 참가자들의 시력과 청력, 힘, 기억력이 훨씬 젊고 건강해졌다. 심지어 그들의 신체 나이가 50대 수준으로 향상되었다.

엘렌 랭어, <마음의 시계: 시간을 거꾸로 돌리는 매혹적인 심리 실험>[1]

    랭어 교수의 실험은 단순히 흥미로운 사례에 그치지 않는다. 이 실험은 지금을 살아가는 우리에게, 현재의 생각과 태도가 삶에 얼마나 깊은 영향을 미칠 수 있는지를 강하게 보여준다. 긍정적인 마음가짐과 사고방식은 몸과 마음의 상태에 변화를 일으키며, 더 건강하고 활기차게 살아갈 수 있는 가능성을 열어준다. 하지만 많은 사람들은 나이가 들면서 체력 저하, 만성질환, 감각 기능의 약화 같은 변화를 겪으며 자신의 건강을 부정적으로 인식하는 경향이 있다. 이러한 인식은 단순히 몸이 약해진다는 뜻만은 아니다. 삶을 바라보는 태도, 감정, 인간관계처럼 마음과 일상을 이루는 여러 요소와도 깊이 연결되어 있다.

    특히 중장년기에는 지금부터 건강과 삶의 태도를 어떻게 가꾸느냐에 따라, 노후가 활기차고 독립적인 시간이 될 수도 있고, 누군가의 도움이 필요한 제약의 시간이 될 수도 있다. 랭어 교수의 실험은 이 점을 잘 보여준다. 거동이 불편했던 참가자들이 '자신이 젊었

---

[1] 엘렌 랭어, 변용란 옮김, <마음의 시계: 시간을 거꾸로 돌리는 매혹적인 심리 실험>, 사이언스북스, 2015.

던 시대로 돌아갔다'는 설정 아래 생활하자, 실제로 시력, 청력, 기억력, 근력 등이 눈에 띄게 좋아지는 변화를 겪었다. 이는 가짜 약을 진짜로 믿고 복용할 때 증상이 나아지는 플라시보 효과Placebo effect처럼, 생각과 인식이 몸에 긍정적인 영향을 줄 수 있음을 보여주는 사례다.

나이 듦은 단순히 해가 쌓이는 일이 아니다. 오히려 앞으로의 삶을 어떻게 살아갈 것인지에 대한 태도와 마음가짐이 점점 더 중요해지는 시기이다. 인생의 반환점을 지나 새로운 전기를 맞이한 중장년기에는 지금의 마음 상태가 앞으로의 삶을 이끄는 나침반이 된다. 반복되는 일상 속에서 문득 "지금처럼 살아도 괜찮은 걸까?"라는 질문이 스쳐갈 때가 있다. 그 질문은 나 자신을 돌아보게 만드는 시작점이 된다. 지금껏 가족과 일을 위해 달려왔다면, 이제는 '나'라는 사람에게도 시선을 돌릴 때이다. 그렇게 나를 바라보는 동안, 내면이 단단할 때 삶도 흔들리지 않는다는 사실을 서서히 알게 된다.

몸의 변화는 누구에게나 자연스럽게 찾아온다. 예전보다 쉽게 피로해지고, 기억력이 흐릿해지며, 집중이 잘 되지 않는 날도 많아진다. 하지만 이는 단지 몸이 늙어서만은 아니다. 감정과 생각이 얽히며 나타나는 신호일 수도 있다. 자신감이 줄고, 외로움이나 불안이 쌓이면서 일상이 더 무겁게 느껴질 수 있기 때문이다.

특히 우리는 이러한 마음의 어려움을 드러내거나 인정하는 데 익숙하지 않다. 오랜 시간 책임을 감당해온 이들은 "이 정도는 참아야지", "내가 이겨내야지"라며 스스로를 다그치는 경우가 많다. 그러나 감정은 외면한다고 사라지지 않는다. 오히려 솔직하게 마주하고, 내면의 신호에 귀를 기울일 때 비로소 풀리기 시작한다. 지금 내 기분이 어떤지 들여다보고, 내 마음에 작은 여유를 허락하는 태도가 중요하다. 자신에게 조금 더 따뜻해지고, 부담을 내려놓는 연습은 이후의 삶을 더 편안하고 단단하게 만들어 준다. 이러한 변화는 거창한 결심이 아니라, 사소한 실천에서 시작된다. 혼자만의 시간을 갖기, 좋아하는 일을 해보기, 고마운 마음을 떠올려 보기. 이처럼 일상의 작은 순간들이 모여 마음을 단단하게 하고, 삶을 지탱하는 힘이 된다. 결국, 나이 듦은 단순한 쇠퇴가 아니라 삶을 다시 설계할 수 있는 기회다. 중요한 것은 그 시간을 어떤 마음으로 채워갈 것인가이다. 지금부터라도 나를 돌보는 연습을 시작해 보자. 앞으로의 삶은 더 단단하고 따뜻한 방향으로 나아갈 수 있다.

1 어제와 다른 기억

"누구셨니라!"

얼굴은 분명 익숙한데 이름이 도통 떠오르지 않을 때, 누구나 한 번쯤 당황한 경험이 있을 것이다. 이런 기억력이나 사고력의 변화는 나이가 들면서 자연스럽게 겪는 현상이다. 특히 나이가 들수록 약속을 깜빡하거나, 말하려던 단어가 입안에서 맴돌기만 하는 일이 잦아지면서 '혹시 문제가 생긴 건 아닐까?' 하고 걱정하기도 한다. 하지만 이런 변화는 대부분 뇌의 자연스러운 노화 과정에 해당하며, 너무 두려워할 필요는 없다. 중요한 것은 이러한 변화를 인정하되, 뇌의 활동을 멈추지 않고 꾸준히 자극을 주려는 노력을 기울이는 일이다. 우리가 무언가를 보고 듣고, 기억하고, 판단하고, 결정하는 일련의 과정들은 모두 **인지 기능**이라는 커다란 틀 안에 있다. 즉, 뇌의 건강은 단순한 기억력 문제에 그치지 않고, 삶의 전반적인 판단력과 연결되어 있다.

최근에는 치매가 더 이상 노년기에만 나타나는 병이 아니게 되었다. 65세 이전에 발병하는 조기 치매 환자 수도 꾸준히 늘고 있다.

특히 한창 일하고, 자녀를 키우고, 노후를 준비해야 할 중장년기에 기억력 저하나 판단력의 혼란, 성격 변화 등이 시작되면, 당사자뿐만 아니라 가족 전체가 큰 혼란에 빠질 수 있다. 중장년기부터 뇌 건강을 챙겨야 하는 이유는 여기에 있다. 치매는 어느 날 갑자기 찾아오는 것이 아니라, 수년 전부터 인지 기능이 서서히 저하되는 과정을 거친다. 그래서 늦기 전에 뇌를 위한 준비를 시작하는 것이 가장 좋은 예방법이 된다. 인지 훈련과 생활 습관 개선은 이 시기부터 꼭 필요한 실천이다.

의학 저널 〈랜싯The Lancet〉 역시 일상 속에서 실천할 수 있는 다양한 생활 습관이 뇌 건강 유지에 효과적이라고 강조한다. 교육, 신체 활동, 사회적 관계 맺기, 감각 기능 관리, 만성질환 관리 같은 것들이다. 이제는 "치매는 나이 들면 어쩔 수 없이 생기는 병"이라는 인식을 벗어나야 한다. 지금 이 순간부터, 스스로 뇌를 훈련하고 삶의 리듬과 연결감을 유지하려는 노력이 필요하다.

예를 들어, '교육'이라고 해서 꼭 학교에 가거나 책상 앞에 앉아야 하는 것은 아니다. 책을 꾸준히 읽는 것, 관심 있는 주제의 영상을 보는 것, 손으로 일기를 쓰는 것, 새로운 취미를 배우는 것 모두가 뇌에 좋은 자극이 된다. '신체 활동'도 어렵지 않다. 하루 30분 가볍게 걷기부터 시작해, 자전거 타기나 스트레칭, 요가, 맨몸 체조 같은 것들을 꾸준히 실천하는 것이 좋다. 특히 근력 운동은 뇌 건강에도 긍정적인 영향을 준다는 연구 결과도 있다. '사회적 교류'는 반드시 특별한 자리가 필요한 것이 아니다. 친구와 차 한잔을 하거나, 동네 주민센터 프로그램에 참여하고, 자원봉사에 나서거나 손주와 대화하는 시간도 모두 사회적 연결을 만들어 주는 활동이다. 누군가와 친밀감이 있다는 감각은 마음을 안정시키고, 자극심을 지켜주는 데 큰 역할을 한다. 이 외에도 시력이나 청력 저하에 미리 대비하고 관리하는 일, 고혈압·당뇨·비만 같은 만성질환을 조절하는 것도 모두 뇌 건강을 지키는 데 중요한 요소이다. 무엇보다 중요한 건, 이런 노력들이 거창하거나 어려운 것이 아니라는 점이다. 일상에서 조금씩 시작하는 것만으로도 뇌를 건강하게 유지하는 데 충분한 밑거름이 될 수 있다. 작고 소소한 변화들이 뇌 건강을 지키는 든든한 기반이 된다.

일상에서 할 일이나 장보기 목록처럼 자주 접하는 단어들을 적어 두고 반복해서 외워보는 **암기 연습**은 기억력 향상에 효과적이다. 일정 시간이 지난 뒤 다시 떠올려 보며 몇 개나 기억나는지 스스로 점검해 보는 것도 좋은 방법이다. 목표를 정해 놓고 외우면 동기 부여가 되며, 손으로 직접 쓰거나 소리 내어 읽는 습관은 여러 감각을 동시에 자극해 기억에 더 오래 남는다.

계산기를 쓰지 않고 머릿속으로 숫자를 더하거나 빼 보는 **암산**도 수리 능력뿐 아니라 집중력을 높이는 데 도움이 된다. 물건 가격을 더해보거나 할인율을 계산하는 생활 속 활동도 좋고, 가벼운 산책을 하면서 암산을 병행하면 뇌 활동이 더욱 활발해진다.

새로운 언어를 배우는 것도 뇌를 자극하는 좋은 방법이다. 단어를 외우는 것뿐 아니라, 간단한 문장을 만들어 말해보거나 일기처럼 짧은 글을 써보는 것도 효과적이다. 외국어 노래를 따라 부르거나 팟캐스트를 듣는 것도 부담 없이 즐기면서 학습할 수 있는 방법이다. 이중언어를 사용하는 사람들의 인지 능력 저하 속도가 더디다는 연구도 있다.

놀이처럼 가볍게 접근할 수 있는 방법도 있다. 예를 들어 **끝말잇기**처럼 단어를 연결하는 활동은 단기 기억과 언어 유창성을 높이는 데 도움이 된다. 혼자서도 가능하지만 가족이나 친구와 함께 하면 재미와 지속성을 모두 챙길 수 있다. 단어를 떠올릴 때 그 단어와 관련된 이미지나 이야기를 같이 상상해 보면 기억에 더 오래 남는다.

공간 기억을 자극하는 활동도 효과적이다. 낯선 장소를 다녀온 뒤 집에 돌아와 머릿속으로 길이나 건물을 떠올려보는 '기억의 지도 그리기'는 해마를 자극하는 데 좋다. 그 장소에서 들었던 소리나 느꼈던 기분까지 함께 떠올리면 기억이 더 생생하게 각인된다.

이처럼 일상에서 가볍게 실천할 수 있는 활동들이 뇌의 다양한 기능을 자극하고, 전반적인 인지 건강을 지키는 데 큰 도움이 된다. 중요한 것은 완벽하게 하려는 것이 아니라, 작게라도 꾸준히 실천해 나가는 것이다. 오늘 하나라도 해보는 것이 내일의 기억력을 위한 작은 투자이다.

2   요동치는
       감정

나이가 들면 더 여유롭고 너그러워질 거라는 기대가 있지만, 실제로는 작은 일에도 쉽게 짜증을 내거나 고집이 세졌다는 이야기를 듣는 경우가 많다. 이는 성격이 나빠진 것이 아니라, 몸의 노화와 호르몬 변화, 그리고 사회적·경제적 환경 변화에서 비롯된 자연스러운 심리적 반응이다. 이러한 변화는 새로운 것을 배우거나 낯선 상황에 적응하는 유연성을 떨어뜨리고, 생각을 경직되게 만들며 과거의 익숙한 경험에 의존하게 한다. 그 결과, 타인의 의견을 받아들이기 어렵고 외부와의 소통이 점차 줄어들게 된다.

감정의 기복은 몸속 호르몬과도 밀접한 관련이 있다. 나이가 들수록 스트레스를 받을 때 분비되는 코르티솔은 증가하고, 기분을 조절하는 세로토닌은 감소하는 경향이 있다. 그로 인해 불안, 초조, 우울감, 무기력감 등의 감정이 쉽게 유발된다. 예전 같으면 웃어넘겼을 일에도 예민하게 반응하거나, 이유 없는 울적한 기분이 며칠씩

이어지기도 한다.

중장년 시기에는 자녀의 독립, 은퇴, 배우자와의 관계 변화 등 삶의 환경이 크게 바뀌면서 감정의 균형이 흔들리기 쉬워진다. 혼자 있는 시간이 늘고, 마음을 나눌 사람이 줄어들수록 감정은 더 요동치게 된다. 때로는 울분이나 눈물처럼 감정이 격하게 드러나기도 하고, 반대로 무기력하게 하루를 흘려보내는 날도 있다. 이러한 변화는 누구에게나 나타날 수 있는 자연스러운 현상이지만, 주변 사람들에게는 당황스러움을 주거나 관계를 멀어지게 만드는 원인이 되기도 한다. 그래서 감정은 그냥 흘려보낼 것이 아니라, 들여다보고 다루어야 할 대상이다. 감정을 조절하는 능력은 삶의 질을 결정짓는 핵심 역량이며, 다행히도 이를 위한 방법은 결코 어렵지 않다. 지금부터 소개할 감정 조절 전략들은 일상 속에서 누구나 실천 가능한 것들이다.

소확행 기록하기

하루를 마무리할 때 작지만 확실한 행복의 순간을 기록하는 습관은 감정 안정에 도움이 된다. "오늘 점심, 남편과 동네 칼국수집에서 맛있게 먹었다"처럼 구체적으로 적으면 그때의 감정이 생생하게 떠오르게 된다.

마음챙김 명상 실천하기

현재 순간에 집중하며 감정을 억누르지 않고 바라보는 마음챙김은 정서적 안정에 효과적인 방법이다. 조용한 공간에서 눈을 감고 호흡에 집중하는 것만으로도 사신을 바라볼 수 있는 시간을 가질 수 있다.

감정 재해석하기

불쾌한 상황을 다른 관점으로 바라보는 연습은 감정의 강도를 낮추는 데 도움이 된다. "왜 저래?"라는 생각이 들 때 "그 사람도 힘든 일이 있었을 수 있겠구나"라고 바꿔보는 것이다. 나 자신에 대해서도 "이 실수는 다음을 위한 배움의 기회였구나"라고 말해주는 것이 좋다.

STOP 기법 활용하기

감정이 격해졌을 때는 즉각적인 조절이 필요하다. 이때는 다음 네 단계를 기억한다.

S Stop: 멈춘다

T Take a breath: 깊게 숨을 쉰다

O Observe: 내 몸과 감정을 관찰한다

P Proceed: 감정을 가라앉힌 후 현명하게 행동을 선택한다

감정 조절 능력은 단지 개인적인 문제가 아니라 사회적 과제이기도 하다. 중장년기는 인생의 전환점이자 심리적 변화가 본격화되는 시기로, 이 시기에 감정의 흐름을 이해하고 조절하는 능력을 키우는 일은 이후 노년기의 삶을 준비하는 데 결정적인 역할을 한다. 실제로 2000년부터 2023년까지 자살로 생을 마감한 60세 이상 인구는 약 9만 2천 명, 하루 평균 12.6명에 달한다. 우리나라는 OECD 국가 중 노년 자살률 1위를 기록하고 있으며, 이는 노년기의 마음 건강을 더 이상 방치해서는 안 된다는 분명한 경고이기도 하다. 결국, 감정의 흐름을 이해하고 조절하는 능력은 중장년기 이후 삶을 지켜내는 중요한 정서 자산이며, 지금 이 시기부터 시작하는 감정 관리가 미래의 웰에이징으로 이어지는 기반이 된다.

감정을 건강하게 다루기 위해서는 마음을 나누고 연결감을 회복하는 경험이 필요하다. 자신을 표현하고, 새로운 사람들과 어울리며, 의미 있는 활동에 참여하는 과정은 정서적 회복력을 높이는 데 도움이 된다. 배우고, 표현하고, 관계를 맺는 경험은 스트레스를 완

화시키고 삶의 활력을 회복하는 원동력이 된다.

이런 맥락에서 주목할 만한 실천 모델이 회복 대학Recovery College이다. 회복 대학은 캐나다를 비롯한 여러 국가에서 운영되는 교육 프로그램으로, 정신건강과 정서적 웰빙 회복을 목적으로 한다. 누구나 자유롭게 참여할 수 있으며, 시험이나 평가 없이 감정관리, 스트레스 해소, 관계 회복, 자기 돌봄 등 다양한 주제를 학습할 수 있다. 회복 대학의 가장 큰 특징은 정신건강 전문가와 경험자들이 함께 강의를 기획하고 운영한다는 점이다. 참여자는 "내 감정도 이해받을 수 있다"는 경험을 통해 자신을 수용하고 회복할 수 있으며, 이는 자기 효능감 회복, 사회적 연결감 강화, 삶의 의미 재발견이라는 웰에이징의 핵심 가치로 이어진다. 결국 배움은 정보를 습득하는 과정이 아니라 감정을 정리하고 마음을 회복하는 하나의 전략이 될 수 있으며, 회복 대학은 정서적으로 건강한 노후를 준비하는 데 있어 의미 있는 모델이다.

나이가 들수록 감정을 다루는 일은 더욱 중요해진다. 이는 개인의 안녕뿐만 아니라 사회 전체의 지속 가능성과도 연결되는 과제이다. 그러나 이 과제를 해결하는 방법은 생각보다 멀리 있지 않다. 감정은 배움을 통해 다시 흐름을 찾을 수 있고, 교육은 그 흐름을 회복하는 가장 효과적인 수단이 될 수 있다. 결국, '마음을 돌보는 배움'은 중장년 이후의 삶을 보다 안정적이고 따뜻하게 만들어 주는 실천적인 웰에이징의 길이다.

3   삶의 목적을 다시 세우는 시간

중장년에 접어들면 누구나 삶의 큰 전환점을 맞이하게 된다. 직장에서 물러나고, 자녀는 독립하고, 때로는 부모를 떠나보내는 이별도 경험하게 된다. 오랜 시간 나를 지탱해 온 일, 가족, 사회적 역할이 줄어들면서 자연스럽게 "이제 나는 누구이며, 앞으로 무엇을 하며 살아가야 할까?"라는 질문과 마주하게 된다.

이 시점은 삶의 목적을 다시 세울 필요가 있는 시기이다. 삶의 목적을 재설정한다는 것은 단순히 새로운 목표를 하나 세우는 일이 아니라, 앞으로의 시간을 어떻게 살아갈지를 진지하게 고민하는 일이다. 중장년기에는 과거를 돌아보며 자신이 쌓아온 가치와 경험을 정리하고, 그것을 바탕으로 삶의 방향을 다시 설계하는 과정이 필요하다. 이 과정은 자기 자신을 이해하고 수용하는 정서적 기반을 제공하며, 나이 듦에 따른 우울감이나 무기력감을 줄이는 데 긍정적인 영향을 준다.

이때 자서전 쓰기와 같은 활동은 깊은 성찰의 기회를 제공한다. 예를 들어, 실제로 자서전 쓰기 활동에 참여한 중장년 참여자는 자서전을 쓰기 전까지 초등학교도 졸업하지 못한 자신의 과거를 평생 콤플렉스로 안고 살아왔다고 말한다. 그러나 글을 쓰며 자신의 삶을 찬찬히 돌아보는 과정을 통해 "학교에 다니지 않은 것이 부끄러운 일이 아니다, 그럼에도 성실하게 살아온 내 삶이 사랑스럽다"는 생각을 하게 되었다고 털어놓는다. 그는 글쓰기를 통해 처음으로 자신을 긍정하는 법을 배웠다고 말한다.[2]

여기서 멈추지 않고, 그 성찰을 발판 삼아 앞으로 어떤 삶을 살아갈 것인지에 대해 다시 그려보는 일이 더욱 중요하다. 이것이 바로 '삶의 목적 재설정'이다. 예컨대 "나는 다음 세대에게 내 이야기를 전하고 싶다", "지역사회에 기여하며 살고 싶다", "그림을 그리며 내 감정을 표현하고 싶다"와 같은 구체적 목표를 새롭게 세우는 것이 그 예이다.

삶의 목적이 분명해지면, 일상의 선택에 기준이 생긴다. 스트레스 상황에서도 더 유연하게 대처하고, 관계 안에서 역할을 스스로 만들어 가며, 자율성과 주도성을 회복할 수 있다. 실제로 삶의 목적이 분명한 사람은 그렇지 않은 사람보다 인지 기능 저하가 더디고, 우울감이나 고립감도 낮다는 연구 결과가 있다.[3]

---

2   정진아, '자서전 쓰기 프로그램의 운영과 치유적 효과', 〈문학치료연구〉 69호, 2023.
3   Sutin, A. R., Luchetti, M., & Terracciano, A., "Sense of purpose in life and loneliness: A

삶의 목적을 다시 세운다는 것은 단순히 '하고 싶은 일'을 찾는 일이 아니다. 그것은 자신이 어떤 사람인지 이해하고, 어떤 가치를 중심에 두고 살아가고 싶은지를 명확히 하는 과정이다. 자기 수용과 자존감을 회복하고, 미래를 긍정적으로 설계하는 힘은 바로 여기에서 비롯된다. 이러한 삶의 태도는 나이 듦을 수동적으로 받아들이는 것이 아니라, 자신이 주체가 되어 삶의 방향을 새롭게 그려나가는 적극적인 실천이다. 정신적 웰에이징은 결국 '나는 왜 살아가는가'라는 질문에 대한 주체적인 답을 찾아가는 여정이며, 삶의 목적을 스스로 설정하고 실현해 나가는 데에서 시작된다.

4 마음도 돌봄이 필요하다

　나이가 들수록 몸만큼이나 마음도 잘 챙겨야 한다. 특히 중년 이후에는 누구나 저마다의 변화와 마주한다. 이 과정에서 불안감, 허무함, 우울감 같은 감정이 마음속에 불쑥 올라오기도 한다. 몸이 아무리 건강해도, 마음이 지치고 무거우면 삶의 만족도는 떨어지고 방

---

meta-analysis", *Journal of Affective Disorders* 299, 2022.

향성마저 흐릿해진다. 그래서 요즘은 '정신적 웰에이징'이라는 말이 더 자주 이야기되고 있다.

이런 흐름 속에서 정부는 2024년 7월부터 '전국민 마음투자 지원 사업'을 시작했다. 우울이나 불안 등 정서적인 어려움을 겪고 있는 사람이라면 누구나 신청할 수 있는 이 프로그램은, 심리상담 비용을 국가가 일정 부분 지원해 주는 방식으로 운영된다. 시행 넉 달 만에 신청자가 4만 명에 육박했고, 그중 80%가 성인층이라는 사실은 중장년기 이후 삶에서 '마음 돌봄'이 얼마나 절실한지 보여준다. 단, 조현병 같은 중증 정신질환이나 자살 고위험군의 경우에는 정신과 진료가 우선되며, 유사한 정부 지원 프로그램과는 중복 참여가 제한된다. 신청 방법은 보건복지부 홈페이지 '전국민 마음투자' 안내에서 확인할 수 있다.

무엇보다 중요한 점은, 마음도 돌봄이 필요하다는 사실이다. 돌봄은 가족이나 타인을 위한 것만이 아니다. 결국은 '나 자신을 위한 일'이다. 그동안 가족과 일터를 위해 앞만 보고 달려온 중장년에게는 이제, 자신을 돌아보고 보살피는 시간이 필요하다.

이제는 각 지역에서도 이런 흐름에 발맞춰 중장년을 위한 마음건강 프로그램을 하나둘씩 확대하고 있다. 경북 포항시 북구 보건소의 '맛있는 담소' 프로그램은 40~60대를 대상으로 요리와 대화, 스트레칭과 마음건강 수업을 결합해 운영된다. 은퇴나 가족관계 변화,

신체의 노화로 허탈감과 외로움을 느끼는 이들이 함께 음식을 만들고 나누며, 정서적 안정과 사회적 유대를 되찾을 수 있도록 돕는다. 한 참여자는 "아이들 다 키우고 나니 마음이 허했는데, 또래와 요리하고 이야기하는 시간이 큰 힘이 됐다"고 이야기했다. 실제로 프로그램 전후 우울 척도가 10점 이상 줄어드는 등 효과도 뚜렷하게 나타났다.[4]

서울시50플러스재단에서는 중장년을 위한 '마음돌봄 특강', 꽃꽂이, 소셜 다이닝 같은 정서 회복 프로그램을 운영 중이다. 인천 태화복지재단의 '마음ON' 프로그램도 요리와 체육 활동, 스트레스 검사, 집단 응원 활동 등을 통해 감정을 정리하고 활력을 회복할 수 있도록 돕고 있다. 그 밖에도 지역 정신건강복지센터나 중장년내일센터 등에서는 무료 심리상담, 미술치료, 원예치료, 명상 등을 통해 불안, 우울, 무기력 같은 마음의 문제를 전문적으로 지원하고 있다.

누구에게나 외로움, 상실감, 무기력 같은 감정이 찾아올 수 있다. 이럴 때 전문가의 상담을 받거나, 공공 서비스를 활용하는 것은 절대 부끄러운 일이 아니다. 오히려 자신을 이해하고 돌보는 가장 현명한 선택이다. 중장년이 마음 건강을 챙기는 일은, 정신적 웰에이징을 위한 강력한 심리적 백신이 될 수 있다.

---

[4] '함께 요리하며 중장년 외로움 달래고 마음 나눠요', 〈농민신문〉, 2024.04.25.

💬 오늘부터 한 가지

'나, 잘하고 있다' 3가지 써보기

오늘 잘한 일 세 가지, 조용히 써보자.

나를 다그치기보다, 다정하게 다독여보는 연습이다.

🌐 참고할 만한 사이트

- 전국민 마음투자 지원사업
  - 보건복지부(2024)

    https://www.mohw.go.kr → [법령] → [훈령/예규/고시/지침]
    → '전국민 마음투자 지원사업' 검색
- 지방자치단체 마음돌보기
  - 서울시어르신상담센터

    https://50plus.or.kr/seoul/counselor 마음건강 상담 안내

    서울시복지재단.
  - 서울시복지포털 복지로

    https://wis.seoul.go.kr 정신건강 상담 및 서비스 안내.

03

관계 세우기

'회사를 그만뒀을 뿐인데 만날 사람도, 갈 곳도 없더라고요. 커뮤니티 활동을 하니 아침에 눈을 떠서 향할 곳이 있다는 게 마음에 안정을 줬어요'

'새 친구와 외로움 덜어', 중장년 사이 소셜 커뮤니티 글의 일부

위의 글은 '중장년을 대상으로 하는 소셜 커뮤니티 증가'라는 제목의 기사에서 발췌한 내용이다. 중장년기라는 생의 전환기를 건강하고 의미 있게 보내기 위해서는 사람과의 연결, 즉 관계를 유지하려는 노력이 중요하며, 이를 위해 다양한 커뮤니티 플랫폼이 운영되고 있다는 소개 글이다.

우리는 누구나 관계 속에서 살아간다. 가족, 친구, 동료나 이웃 등 다양한 사람들과의 연결은 우리의 삶을 풍요롭게 한다. 관계는 단순히 외로움을 해소하는 것 이상이다. 관계를 통해 우리의 새로운 모습을 발견하기도 하고 내 삶의 목적을 다시 정하기도 한다. 그러나 삶의 단계가 변하고 나이가 들어감에 따라 관계의 성격은 변하기 마련이고 새로운 관계를 만들어야 하는 도전에 직면하기도 한다. 관계 정리가 필요한 시기인 것이다. 윤석현 작가는 '관계 정리가 힘이다'라는 책을 통해 우리가 집 정리하듯이 관계 역시 비우고 나누고 채우기를 통해 나의 삶을 가꾸어야 한다고 말한다. 나 자신과의 관계, 남과의 관계 그리고 우리(또는 조직)와의 관계를 정리하는 것은 시기를 막론하고 중요하다. 하물며 가족과 조직에서 역할의 변화를 경험하는 중장년 시기에는 더욱 그러할 것이다.

바쁜 일상이 어느새 멈춰서는 듯한 느낌이 든다. 그러면서 '내 주변에는 누가 있을까?'라는 질문을 하게 되는 순간들이 생긴다. 동시에 새로운 관계를 시작하는 것도, 예전처럼 사람들과 어울리는 것도 쉽지 않게 느껴진다. 이 시점에서 느끼는 사회적 고립은 단지 외로움의 문제가 아니라 정신적, 신체적 건강에 영향을 미치는 중요한 요인이 된다.

삶은 혼자서는 완성될 수 없는 여정이다. 서로 연결되고 함께 나아갈 때, 우리의 인생은 더욱 깊고 풍요로워진다. 이를 사회적 웰에이징이라고 부른다. 이 장에서는 사회적 웰에이징을 위한 관계의 의미와 중요성을 탐구하고, 이를 실천하기 위한 방법들을 살펴볼 것이다. 연결과 참여를 통해 삶의 새로운 가능성을 발견하고, 풍요로운 사회적 관계를 바탕으로 더 행복한 삶을 설계할 수 있는 길을 찾게 되기를 바란다.

1 관계, 관계, 관계…

관계가 힘겹던 시절이 있었다. 어쩔 수 없이 만나야 하는 사람들 속에서 관계는 한때 버거운 짐이었다. 좋다가도 힘들고, 힘들어서 싫고, 꼭 해야되서 더 부담되는 그런 것이었다. 그때는 내가 굳이 관계를 만들어야 한다는 필요조차 느끼지 않았다. 일과 가정에서 주어진 역할과 책임을 하다 보면 사람들과의 관계는 자연스럽게 형성되었고 나만을 위한 관계에 대한 고민은 오히려 사치라 할 정도로 신경 써야 할 것들이 많았다.

그런데 지금은 다르다. 아이들과 나누거나 조직에서 가졌던 일상적인 소통이 줄어들고 일상에 공백이 생기기 시작한다. '마음 편히 만날 사람 누구 없나?', '같이 하고 싶은데 누구 없을까?'하는 생각이

든다. 핸드폰의 전화번호 리스트나 카톡 대화방을 보면서 쭉 짚어 내려가도 마땅히 연락할 사람이 눈에 띄지 않는다. 문득문득 외로움이 느껴진다.

실제 한 조사에서 우리나라 60대 이상 중 외롭다고 느끼는 비율이 30%에 이른다고 한다. 3명 중 1명이 외로움을 느끼고 있는 것인데 다른 성인 연령대보다 높은 편이다. 그 중 15% 정도가 아무도 자신을 잘 알지 못하는 것으로 외로움을 느낀다고 응답했다고 한다.[1] 외로움이 심리적인 증세에 그치지 않고 우리의 삶과 건강에 지대한 영향을 미친다는 점에서 더 심각하다. 외로우면 조기 사망의 위험이 흡연이나 비만만큼 높아진다고 하고, 외로움은 노화를 앞당길 뿐 아니라 심장병, 치매, 우울증 등의 가능성을 높이는 주요 요인이 된다고 한다. 관계가 답이다.

관계는 우리 삶에 직접적인 영향을 미치는 웰에이징의 중요한 요소로 나이 들어도 여전히 사람들과 연결되고 활발히 소통하며 살아가는 것을 가능하게 한다. 구체적으로 관계가 주는 긍정적인 영향이 무엇이냐고 묻는다면, 우선 <u>소속감</u>을 얻게 해준다. 사람들은 자기가 누군가에게 필요한 사람이라고 느낄 때 삶의 의욕을 얻는다. 이는 단지 주변에 사람들이 있는 것만이 아닌 그들과의 관계 속에서 내가

---

1 한국행정연구원, 2023년 사회 통합 실태 조사, 2023.

어떤 역할을 하고 어떤 가치를 제공하는지에 따라 달라진다. 지역 봉사 활동에 참여하거나 취미 동호회의 일원으로 활동할 때 단순한 즐거움을 넘어 소속감과 자기 효능감을 느끼면서 왠지 모를 충만함과 행복함을 가지게 될 것이다.

또 관계는 **능동적 노력**으로서 의미가 있다. 중장년기에 들어서면서 우리를 둘러싸는 주변의 상황적 변화로 인해 과거의 관계 일부는 자연스럽게 흐려지거나 단절된다. 이럴 때 우리는 새로운 관계를 필요로 하고 기존의 관계를 풍요롭게 하려는 노력이 필요하다. 주변에 관심을 돌려 가까운 이웃과 소소한 대화를 시작하거나 지역 문화센터의 관심 있는 프로그램에 등록하면서 새로운 활동을 시작하는 섯이 관계의 출발점이 될 수 있다.

더불어 관계는 삶에 새로운 **활력과 의미**를 제공한다. 가끔 '나는 과연 무엇을 위해 살아가고 있는걸까?'는 질문을 던진다. 많은 생각과 고민을 필요로 하고 각자의 답을 찾기 위해 노력할 것이다. 이때 사회적 활동을 통한 관계는 단순히 여가 이상으로 자신의 의미를 찾게 해주는 역할을 한다. 그림을 함께 배우면서 또는 독서 모임에 참여하면서 가지는 경험은 나의 삶을 다채롭게 만들어주며 내가 여전히 성장하고 있다는 믿음과 계속 성장할 것이라는 즐거운 미래를 기대하게 해준다. 결국 우리는 사람들과의 연결을 통해 내 삶의 의미를 되찾는다. 관계란 단순히 외로움을 덜어주는 도구가 아니라 우리가 사랑받고 가치있는 존재로 인정받고 성장할 수 있는 공간의 역할을 한다.

그렇다면 좋은 관계를 위해 어떤 노력이 필요할까? 관계를 통한 삶의 균형, 지역 커뮤니티를 통한 연결, 그리고 자원을 활용한 사회 삶의 측면에서 살펴보자.

2 관계를 통한 삶의 균형

가족과 친구, 새로운 교류를 통한 관계는 우리가 경험하는 변화와 도전에 대처할 수 있는 정서적 안정과 활력의 기반을 제공한다.

가족 관계의 재조명

나이들면서 가족 내에서의 역할은 달라진다. 부모로서 자녀를 돌보는 역할은 줄어들고 대신 자녀의 독립을 지켜보면서 적절히 지원해 주거나 손자녀가 생기면서 새로운 관계가 형성되고는 한다. 이런 변화 속에서 가족 관계를 다시 조명해 보고 소통의 방식을 조정해가는 것은 가정의 화목과 안정을 유지하는데 중요하다.

역할 변화에 대한 인정과 소통은 변화된 삶의 균형을 찾아가는 데 있어 중요한 요소이다. 자녀가 독립하면서 드는 공허함과 가끔씩 몰려드는 소외감, 더 나아가 자신이 더 이상 필요하지 않다는 자괴감을 느낄 수 있다. 그러나 이 시기를 역할을 잃어가는 것이 아니라 가족과의 관계 속에서 역할을 재정립해 보는 기회로 생각하는 것이다. 그전까지 부모로서 결정하고 책임지는 역할을 해왔다면 이제는 조언자나 멘토로서의 역할로 전환하면 자녀와의 소통이 더 깊고 성숙한 차원으로 발전할 것이다. 사회활동을 하는 젊은 자녀가 더 잘 아는 분야와 영역이 있다면 적극적으로 그들에게 묻고 배우는 것도 필요하다. 자녀는 부모에게 의지하는 시기에서 벗어나 스스로의 일을 결정하고 책임지는 역할을 배우고, 우리는 부모로서 그들을 인정하며 그들의 삶에 지나치게 간섭하지 않고 정서적·실질적 지원을 제공하면서 균형을 찾아가는 것이다.

손자녀와의 교류는 새로운 활력을 불어 넣어주는 귀한 경험이다. 손주와 함께 시간을 보내며 놀이를 하고 이야기를 나누는 경험은 정서적 안정감과 기쁨을 제공한다. 연구에 따르면 손주와 시간을 보내는 조부모는 정서적 안정뿐 아니라 인지 기능 향상과 같은 긍정적 효과를 경험한다고 한다. 또한 손주와의 관계는 세대 간의 가교 역할을 하며 가족의 연대를 강화한다. 특히 조부모가 손주의 돌봄을 제공함으로써 자녀가 안심하고 직장 생활을 할 수 있다면 양육 공백을 보완할 수 있는 방안이기도 하다. 이와 관련하여 서울시는 조부모가 2세 영아를 월 40시간 이상 도울 경우 경제적으로 지원하는 서울형 아이돌보미 사업을 하고 있다. 중위소득 150% 이하 양육 공백 발생 가정의 경우 영아 1명 기준 매월 일정 금액을 지원한다고 하니 손자녀 돌봄을 통한 교류의 경험을 가지는 것에 대해 경제적으로 인정받을 수 기회가 될 수도 있다.

배우자와의 관계 역시 재조명이 필요하다. 웰에이징 교육 전문가들의 97% 이상이 나이 들면서 가장 중요한 관계로 '배우자와의 관계'를 꼽았다.[2] 최근 부부관계 개선이나 이혼 숙려 프로그램이 인기를 끌고 있는 것만 보더라도 부부 간의 관계가 안정적인 가족관계에 중요하다는 것을 알 수 있다. 특히 자녀가 독립하고 나면 부부 간에 서로 배려하고 이해하는 것의 중요성이 더욱 커진다. 한편으로 오랜 시간 함께 해 온 배우자와의 관계가 안정적일 수 있지만 다른 한편으로는 '같이 있지만 멀게 느껴지는' 고립감이나 권태로움을 느낄 수 있다. 가장 친밀하면서도 서로에 대한 예의를 지키지 않아 갈등 상황이 발생하는 경우도 많다. 이 시기에 둘 간의 관계를 재조명하고 함께 둘 만의 삶을 어떻게 만들어 갈지 적극적으로 생각하고 실

---

2   건양대학교 웰다잉 융합연구소에서 웰에이징 교육전문가 110명을 대상으로 사회적 관계 교육에 대한 설문을 진행하였다. 한국정책방송에 실린 기사를 통해 그 결과를 알 수 있다. https://www.kpbs.co.kr/7857

천해 보는 것이 필요하다.

배우자와 같이 할 취미나 활동을 찾거나 일상의 작은 변화로 관계를 회복하는 것도 좋은 방법이다. 아침에 아내와 또는 남편과 커피나 차를 마시며 10분씩 대화하는 시간을 정해놓거나 추억을 회상하는 시간을 일부러 가져보는 것도 방법이다. 관계 속에 갈등이 있다면 어떻게 갈등을 해소할 수 있을지 부부끼리의 방식을 정해놓고 시도하는 것도 좋다. 주기적으로 산책을 하며 이야기를 나누는 시간을 가지고, 간혹 감정이 격해졌을 때 억지로 억누르기보다 앞서 소개한 STOP 기법을 활용하여 각자 조절하는 시간을 가지는 것이 좋다. 시간이 흐르며 애정 표현이 줄어들 수 있다. 매달 한두 번씩은 날짜를 정해놓고 함께 저녁을 먹거나 뮤지컬을 보는 등 특별한 시간을 가져보자. 서로에 대한 애정과 믿음을 다시 확인할 수 있는 이런 작은 노력들이 좋은 방향으로의 변화를 가져올 것이다.

노력이 필요한 친구 관계

가족과 다른 방식으로 나를 이해하고 지지해주는 친구는 스트레스를 해소하고 심리적 만족과 안정을 주는 귀중한 동반자이다. 중장년층에서 친구의 의미는 이전보다 더욱 중요해진다. 이 시기에 친구는 정서적 공백을 메워주고 실질적 고민을 나누며 함께 도전과 어려움을 극복하는 든든한 지원망이 된다.

친구와 관계를 유지하는 전략은 <u>간단하지만 꾸준한 노력</u>을 필요로 한다. 정기적으로 안부를 묻거나 만나자는 제안을 하고 특별한 날 선물을 준비하는 것도 좋은 방법이다. 특히 이 시기에 새로운 친구를 사귀는 것이 어렵게 느껴질 수 있으므로 기존의 관계를 공고히 유지하면서 동시에 새로운 인연을 만들어 가는 노력이 중요하다. 친구와 함께 하는 시간을 정례화하여 정기적으로 산책이나 취미 활동을 같이 해 보자. 활동 후 함께 하는 식사 한 끼, 또는 커피 한잔이 소중한 기억으로 차곡 차곡 저장될 수 있게 하자. 친구는 문제가 있을 때 같이 나눌 수 있는 귀중한 존재이며 동시에 설령 문제가 해결되지는 않더라도 감정을 정리하고 안정을 찾게 해주는 존재이다. 함께 나이 들어가는 것만으로도 힘이 되는 존재를 위해 지금 안부 메시지를 전해보자. 더 큰 기쁨으로 돌아올 것이다.

열린 마음으로 시작하는 새로운 인간관계

새로운 관계를 시작하는 것은 큰 도전이다. 오랜 시간 익숙한 관계와 환경에 의지했다면 이제 새로운 사람들을 만나고 관계를 형성하는 과정이 낯설고 두렵게까지 느껴질 수 있다. 또 한편으로 새로운 관계를 만들 필요가 있나 하는 생각도 든다. 그러나 새로운 관계는 삶에 신선한 자극을 주고 정서적 활력을 되찾게 해 준다.

　새로운 관계를 시작하는 데 무엇보다 **열린 마음과 긍정적인 태도**가 필요하다. 중요한 것은 사람들과의 다름을 두려워하지 않고 오히려 그것을 통해 내가 모르거나 필요한 것을 배우고 이해하려는 자세를 갖는 것이다. 블루존의 장수 어르신들이 공통적으로 강조하는 '겸손'한 자세로 말이다.[3] 집 근처에서 요가 수업에 등록했다면 수업 후 등록생들에게 간단한 인사를 건네는 용기를 내보자. 작은 인사로 시작한 대화가 예상치 못하게 좋은 친구를 만들어 줄 수도 있다. 자원봉사 활동에 참여하였다면 다른 봉사자들과 새로운 인연을 만들 수도 있다. 활동 자체가 주는 참여적 의미 외에 새로운 친구들과의 연결을 얻을 수 있는 기회를 놓치지 말기 바란다. 옆에 있는 바로 그 사람이 나에게 새로운 세상과 큰 가능성을 만들어줄 귀인이 될 줄 어찌 알겠는가.

　새로운 관계를 위해서는 **교류 기회와 공간을 찾는 것**이 중요하다. 지역의 다양한 프로그램이나 이벤트가 자연스럽게 사람들과 어울릴 수 있는 기회가 될 수 있다. 이 책의 각 챕터에서 소개하는 모든 활동들이 새로운 관계의 시작이 될 수 있다. 내가 사는 지역의 커뮤니

3　여섯 번째 블루존으로 포함된 싱가폴에서 한 장수 노인의 이야기이다. 어떤 것이 인생에 가장 중요한지를 묻는 질문에 '겸손'한 자세라고 답했다. 화내지 말고 현재를 즐기는 것과 더불어 건강하게 장수하는, 평범하지만 진정한 비법임이 틀림없다('100세까지 살기: 블루존의 비밀', 넷플릭스).

티 프로그램에 참여하거나 미술관이나 박물관에서 제공하는 그림 수업에 참여함으로써 유사한 관심사를 가진 사람들과의 관계를 시작할 수 있다. 수업이 끝난 후에도 함께 전시회를 방문하거나 모임을 만들어 관계를 확장시킬 수도 있다. 요새는 오프라인뿐 아니라 다양한 소셜 플랫폼을 활용해 독서모임이 진행되는 경우가 많다. 줌Zoom이나 구글 미트Google Meet 등을 활용해 가까운 지역을 넘어 전국에서 모인 사람들과 함께 이야기를 나누며 정기적인 모임으로 연결하는 것도 좋은 방법이다.

새로운 인간관계는 단순히 외로움을 해소하는 것을 넘어 **다양한 삶의 경험을 확장**할 기회를 제공한다. 새로 만난 친구를 통해 몰랐던 봉사활동이나 일을 할 수 있는 정보를 얻기도 하고 이제까지 해보지 않았던 영역의 경험을 시도할 수도 있다. 몰랐던 여행 정보를 얻을 수도 있다. 혼자였으면 절대 알지 못했을 기회들을 새로운 사람들과의 교류를 통해 발견하는 경우가 많다. 나의 삶에 새로운 사람들을 받아들이는 기회를 만들어 보자. 다른 세상과 연결되는 순간이다.

3 지역 커뮤니티를 통한 연결

지역은 새로운 관계를 형성하고 삶의 활력을 되찾는 데 가장 현실적이고 접근 가능한 장이다. 물리적으로 가까운 곳에서 시작할 수 있는 지역사회 활동은 일상의 연장선에서 참여하기 쉽고 익숙하고 자연스러운 연결이 가능하다.

일본의 나스마을 만들기 사례는 폐교를 수리해 노인들이 함께 살아가는 주택과 마을로 변화시킨 모범적인 사례로 잘 알려져 있다. 버려진 학교를 고쳐 공동주택과 빵집, 식당과 마트로 만들고 입주민들은 각자 원하는 역할과 하고 싶은 일을 찾아 교류하면서 즐겁게 살아간다. 마을이 단순히 주거공간을 넘어 서로 돕고 적극적으로 사회에 참여하며 즐거운 삶을 살아갈 수 있도록 공동체를 만들어 주는 역할을 한다. 이렇게 지역을 거점으로 한 사회적 관계는 참여와 연결을 통해 주체적이고 적극적으로 살아가는데 핵심 역할을 한다. 실험적 시도로 주목받고 있는 이 나스마을 만들기 사례를 포함하여 지금 우리가 속해 있는 지역을 중심으로 한 연결 시도는 다양하게 가능하다.

지역 센터나 미술관, 도서관 등의 프로그램을 통해 참여하는 것도 친숙한 시작이 된다. 주민센터나 구청에서는 요가, 미술, 독서, 건강 관

나스마을 만들기 공동체 (사진: KBS 뉴스)[4]

리 등 다양한 프로그램을 통해 비슷한 관심사를 가진 사람들과의 연결 기회를 제공한다. 관심 있는 강좌를 등록하여 자연스럽게 새로운 교류를 만들어 보자. 미술관이나 도서관에서 역시 성인 대상의 그림 그리기나 글쓰기, 음악 수업을 운영한다. 단지 기술을 배우는 것뿐 아니라 같은 관심사를 가진 사람들과의 소통 기회를 얻을 수 있다.

지역 행사와 축제에 참여하는 것도 연결을 생성하는 좋은 방법이 된다. 지역에서 열리는 축제나 문화 행사에 자원봉사로 참여할 수도 있고 그렇지 않고 단순히 참가자로 방문하는 것만으로도 지역 주민으로서 소속감을 느낄 수 있다. 문화체육관광부 홈페이지의 '문화광장'을 들어가면 지역문화와 지역 축제, 체육행사 등에 대한 정보를 기간과 장소 검색으로 찾을 수 있다. 관심 있는 지역 행사와 축제에

---

4 '버려진 이곳을 마을로… 일본 노인들의 이색 실험', 〈KBS 뉴스〉, 2024.4.21.

참여해 보는 기회를 가져보자.

지역 문제를 해결하는 프로젝트 활동 역시 공동체에서 자신의 역할을 다시 발견하는 기회를 제공한다. 지역 공원의 정비 프로젝트에 참여하거나 쓰레기 줄이기 캠페인에 동참하는 활동은 실질적인 변화를 만들어내는 데 기여한다. 몇몇 친구나 지역 주민들과 함께 하는 플로깅Plogging(쓰레기 줍기+조깅)[5]에 자발적으로 참여함으로써 사회적으로 기여할 수 있는 기회를 만들 수 있다. '실버 플로깅'이나 '신중년 플로깅', '선배시민 플로깅' 등의 이름으로 다양하게 활동이 이루어지고 있다.

서구노인복지관의 '우리가 그린 그린(Green) 플로깅 활동 사진[6]

---

5 플로깅은 스웨덴어 '플로카 웁(plocka upp, 이삭 줍다)'과 영어 '조깅(jogging)'의 합성어로 달리기를 하면서 쓰레기를 줍는 활동을 의미한다(국립국어원). 스웨덴에서 시작되어 북유럽을 중심으로 확산된 트렌드이다.
6 '서구노인복지관, 멘토링활성화지원사업 '우리가 그린 그린(green)'플로깅 활동 진행', 〈불교공뉴스〉, 2024.6.19.

4 나의 가치를 활용한 사회 참여

우리는 다양한 경험과 경력으로 인생을 채워왔고 그것이 이제는 나의 존재 자체가 되었다. 내가 무엇을 잘하고 어떤 것을 좋아하는지 찾아보자. 마인드맵의 중앙에 '나'를 두고 관심사와 잘하는 것, 좋아하는 것 등을 그리고 연결해 보자. 이를 통해 나는 어떤 사람이고 어떤 자원을 가진 사람인지 확인해 보는 것이다. 자신이 지닌 자원을 활용해 사회에 의미있게 기여하고 변화를 만드는 것이 나의 가치를 활용한 사회 참여이다. 경력을 활용한 미래 개척, 자원봉사활동과 디지털을 활용한 현실적이고 실질적인 사회 참여 방법을 소개한다.

새로운 미래를 개척하다

내가 쌓아온 경력을 활용하여 새로운 진로를 설계할 수 있다. 한국고용정보원에서 제공하는 '한눈에 보는 신중년(5060) 경력설계 안내서"에 따르면 신중년의 경우 여러가지 이유로 진로 결정을 힘들어 하는데 그 이유로 성격적 요인, 진로 정보의 부족, 자신에 대한 이해 부족, 외적 환경 및 진로 결정 필요성의 부족 요인 등을 든다.

즉 우유부단한 성격적 요인을 가지고 있거나 취업을 원하지만 정보가 불충분하고 자신이 어떤 직무에 흥미를 갖고 있고 잘할 수 있는지에 대한 이해가 부족하다는 것이다. 그리고 자신의 결정을 여의치 않게 하는 외적 환경이거나 진로에 대해 생각할 필요성이 크지 않다고 생각하는 경우 등이 그러하다. 이 안내서에는 이러한 요인을 극복하고 진로를 설계할 수 있도록 여러 정보를 제공하고 있는데, 한국고용정보원의 '생애경력설계서비스'와 '전직지원서비스', '성장(성공장년)' 프로그램, 한국노인인력개발원의 '시니어인턴십' 등이 대표적이다. 진로컨설팅과 교육 및 다양한 서비스를 제공하고 있으니 새로운 진로를 통해 미래를 개척하고자 한다면 적극적으로 활용해보자.

자원봉사: 경험과 재능을 나누며 새로운 가치를 찾다

자원봉사는 단순히 시간을 보내는 활동이 아니다. 내가 쌓아온 경험과 재능을 사회와 공유하며 새로운 가치를 만들어내는 기회이다. 모두 자신만의 방식으로 사회에 기여할 수 있다. 누군가를 돕는 차원을 넘어 자신의 삶에 새로운 목적과 활력을 불어넣는 중요한 활동이 될 것이다.

<u>전문성을 활용한 봉사</u>는 은퇴 후에도 자신이 익숙한 분야에서 경험

을 나눌 수 있는 활동을 통해 개인의 역량을 사회와 연결한다는 점에서 의미가 있다. 예를 들어 금융전문가는 경제적인 정보를 필요로 하는 젊은 세대나 은퇴 후 재정 계획이 필요한 동년배들에게 실질적인 도움을 줄 수 있다. 전국퇴직금융인협회에서 실시하는 금융해설사 제도가 좋은 예시가 될 수 있다. 금융해설사 제도는 금융권 퇴직자들이 금융관련 지식과 경험 등의 재능을 활용하여 사회에 기여하도록 하는 제도로 지역사회내 주민이나 청소년, 노년층 등 교육수요에 대응하여 상담과 강의를 진행하는 역할을 한다. 퇴직 교직원의 경우 교육 관련 활동을 통해 자원봉사의 기회를 가질 수 있다. 서울특별시교육청의 교육자원봉사지원센터는 퇴직교직원을 대상으로 사회봉사나 재능기부를 위한 교육활동과 연수 및 행사 등을 지원한다. 공무원연금공단은 초등학교 학생 돌봄 공백을 해소하고 양육 부담을 완화하기 위한 정부 정책인 늘봄학교를 지원하고자 퇴직 공무원들을 자원봉사로 모집하여 운영에 도움을 받고 있다.

교육 분야 관련자가 아니더라도 학교에 자원봉사를 하기를 원한다면 광명시의 해오름 교육자원봉사 등도 좋은 예시가 된다. 퇴직공무원 뿐 아니라 학교에 봉사를 제공하고자 하는 모든 사람이 대상이다. 기타 분야에서 자신이 가진 전문성을 나누고 싶다면 구청이나 시청 홈페이지에 들어가서 일정한 절차를 거쳐 강좌를 개설하는 방식으로 자원봉사를 하는 길도 있다. 수원시의 '누구나학교'나 용산

구의 '서로서로학교' 등이 그러한 예시이다. 이러한 봉사 활동은 자신의 전문성을 지속적으로 활용하면서도 다른 사람들의 삶에 긍정적인 영향을 미친다는 점에서 만족감을 준다.

해오름 교육자원봉사자 모집

모집기간	수시모집
모집대상	학교에 자원봉사를 제공하고자 하는 사람 누구나
모집분야	행정실무지원, 현장체험학습지원, 학교행사지원, 급식지원, 꿈의 학교 프로그램 강사, 멘토 및 상담 등
신청방법	교육자원봉사 활동 희망서(홈페이지참고)를 작성하여 우편 또는 이메일로 제출해주시기 바랍니다.
주소	경기도 광명시 광명로777 광명교육지원청 본관 2층 교육과
이메일	yoojin0130@korea.kr
홈페이지	www.goegm.kr (알림마당-공지사항 → '광명 교육자원봉사 상시 모집 안내' 참고)
문의처	02-2610-1411(담당자: 박유진!)
제출양식	교육자원봉사활동희망서 ⬇ 직무기술서다운로드 ⬇

경기도광명교육지원청 해오름교육자원봉사센터 홈페이지

<u>세대 간 멘토링 프로그램</u>은 시니어와 젊은 세대를 연결하는 좋은 방식이다. 예를 들어 기업 퇴직자가 지역의 스타트업 멘토링에 참여해 젊은 창업자들에게 사업 전략을 조언하거나 기술과 시장 트렌드에 대한 현실적인 통찰을 제공할 수도 있다. 문화체육관광부 산하 문화예술위원회에서 운영하는 '인생나눔교실'에는 은퇴전문가를 활용한 멘토링 프로그램이 있다. 퇴직 후 자신의 지식과 경험을 나눔

으로써 청년 멘티들과 교류하고 소통하는 기회로 보람을 느낄 수 있다. 인생나눔교실에 참여한 한 멘토는 이렇게 얘기한다. "멘토가 오히려 멘티들에게 얻는게 더 많고, 역할을 제대로 해냈다는 생각이 들면 자존감이 한없이 올라간다. 믿어주는 한 사람의 중요성을 알게 해준다"고 말이다. 이런 교류는 젊은 세대에게는 실질적인 도움을, 그리고 시니어 멘토들에게는 자신이 여전히 가치있다는 자긍심을 가져다 준다. 지역사회에서 운영하는 멘토링 프로그램을 찾아보자.

사회 문제 해결에 기여하는 봉사나 문화예술 활동 역시 매력적이다. 환경 문제에 관심이 많다면 지역 환경정화 캠페인 이나 에너지 절약 교육과 같은 활동에 참여할 수 있다. 지역아동센터나 청소년 상담 프로그램을 통해 정기적으로 사회적 약자를 위한 기여를 하는 것도 의미있다. 그림이나 음악에 재능이 있다면 지역 미술관이나 도서관에 연락해서 자원봉사의 기회를 찾아보는 것도 좋겠다. 좋아하고 익숙한 환경에서 하는 활동은 안정감과 풍요로움을 모두 느끼게 해준다. 이외에 지역 병원에서 환자들의 말벗이 되어주는 활동이나 독거 어르신들을 위한 도시락 배달 봉사도 물리적으로 큰 부담없이 따뜻한 사회적 연결을 형성할 수 있다. 자원봉사나 재능기부 포털 사이트를 활용하면 나를 필요로 하는 다양한 영역에서의 활동 기회를 찾을 수 있다.

디지털을 활용한 사회 참여

디지털 기술은 사회에 참여하면서 자신의 관심사를 확장할 수 있는 손쉬운 수단이 될 수 있다. 특히 물리적 거리나 시간적 제약없이 활동할 수 있다는 점에서 실질적이고 접근 가능한 기회를 제공한다. 나이가 들었다고 디지털 도구를 활용하는 데 게을리하거나 두려워하지 말고 온라인 플랫폼과 디지털 도구를 통해 온라인 세상을 넘어 오프라인 세상에서도 활발히 참여할 수 있는 계기를 만들어 보자. 요새는 간단하게 디지털 도구를 무료로 배울 수 있는 통로가 많으니 적극 찾아보고 참여해 보자.

온라인 커뮤니티는 디지털 시대의 중요한 특징 중 하나이다. 관심사 기반의 온라인 커뮤니티는 물리적 한계를 넘어 사람들을 만날 수 있는, 예전에는 생각지도 못했던 무궁무진한 기회를 제공한다. 다양한 주제를 중심으로 나에게 맞는 공간을 찾아보자. 예를 들어 독서 모임, 사진 동호회, 테니스 클럽, 요리 클래스 등 온라인 커뮤니티가 활동의 시작이 될 수 있다. '네이버 카페'나 '카카오톡 오픈 채팅방' 등의 플랫폼을 활용하면 가까운 지역의 사람들과 쉽게 연결될 수 있다. 중고 거래로 시작한 '당근마켓'도 지역을 거점으로 동네에 대한 정보뿐 아니라 다양한 모임 형성을 통한 연결을 제공한다. 다음 카페나 네이버 밴드의 지역 모임을 활용하면 지역의 최신 정보를 얻고 새로운 활동에 참여할 수 있는 통로가 될 수 있다.

중장년과 시니어만을 대상으로 하는 다양한 플랫폼도 증가하고 있다. 50+가 모이는 놀이터 '시놀', 배움 등 다양한 테마를 제공하는 여행 커뮤니티 '노는법', 5060 1인1취미 찾기 플랫폼 '오뉴', 4060 취미 모임 커뮤니티 '오이' 등이 모두 취미와 모임 등을 통해 소통하고자 하는 신중년을 위한 커뮤니티 플랫폼이다. 비슷한 연령대와 관심사 모임에 참여하거나 단순 친목 목적의 모임을 통해 이웃과의 관계를 형성하거나 교류하면서 일상의 에너지를 얻을 수 있다(취미와 여행 관련된 다양한 정보는 7장, 8장에서 보다 자세히 알아볼 수 있다).

4060 여행 커뮤니티 플랫폼 '노는법'

재능 마켓플레이스 플랫폼은 전문성을 사회와 연결하는 데 유용하게 사용될 수 있다. 예를 들어 '크몽'[7]이나 '탤런트뱅크'[8] 같은 플랫폼은 기술과 경험을 가진 전문가와 이들을 필요로 하는 수요자들을 연결해 준다. 회계나 재정, 상담, 번역, 디자인뿐 아니라 생활 서비스나 심리 상담 등 취미와 생활 영역에서 자신의 재능을 등록해 놓으면 의뢰인과 소통을 통해 서비스를 제공하면 된다. 경제적 보상뿐 아니라 자신의 역량을 지속적으로 활용, 계발할 수 있다는 점에서 새로운 사회적 참여 방식이다.

디지털 교육에 참여하는 것도 사회 참여를 확대하는 중요하면서도 유익한 요소가 된다. 디지털 기술이 일상에 유용한 것을 알면서도 사용에 어려움을 느끼는 사람도 있을 것이다. 이런 경우 지역의 시, 도, 구청 센터나 **디지털 배움터**에서 제공하는 교육 프로그램에 참여하면 도움을 얻을 수 있다. 스마트폰 기본 사용법, 인터넷 검색 방법, 소셜 미디어 활용법 등과 같은 실용적인 강좌를 통해 디지털 기술에 대한 자신감을 키우고 이를 바탕으로 사회와 더 연결될 수 있다. 디지털 배움터는 과학기술정보통신부에서 추진하는 사업으로

---

7   크몽은 무형의 재능이나 서비스, 지식 등을 제품으로 하여 판매자와 구매자를 연결해 주는 플랫폼이다. 디자인, IT·프로그래밍, 마케팅, 영상·사진·음향, 번역·통역, 세무·법무·노무 등 다양한 영역에 걸쳐 판매와 구매가 이루어진다.
8   탤런트뱅크는 전문가 자문 플랫폼으로 기업과 전문가를 연결해 주는 사이트이다. 내 경력과 전문성을 제시하면 기업의 자문이나 강의 기회에 연결될 수 있다.

국민의 디지털 역량을 키우기 위해 다양한 교육 프로그램을 제공한다. 가까운 도서관이나 행정 복지센터, 평생학습관 등의 공간을 통해 참여할 수 있다. 디지털 배움터 홈페이지나 대표번호(1800-0096)를 통해 가까운 지역과 어떤 교육이 제공되고 있는지 찾아보자.

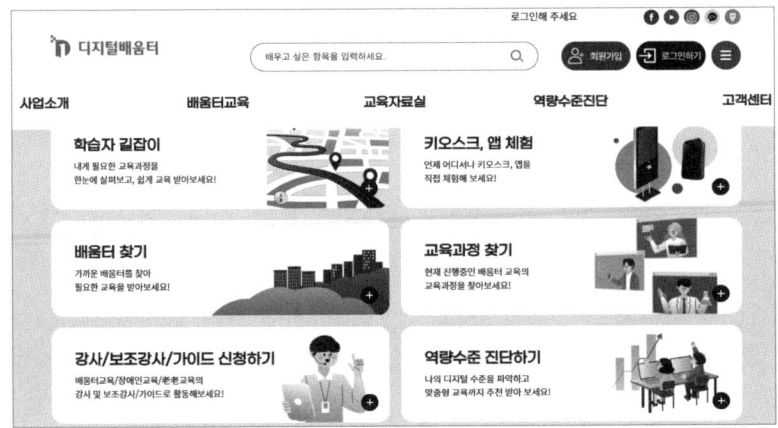

디지털배움터

디지털 환경에서의 자기 계발도 사회 참여의 좋은 방법이다. 오프라인 참여가 어려울 경우 온라인으로 제공되는 취미 강좌, 기술 강의 또는 자격증 과정에 참여하면 배움과 관계 형성을 동시에 얻을 수 있다. 예를 들어 온라인 그림 수업이나 코딩 강의를 듣거나 대학 수준의 강의를 접할 수 있는 한국형 온라인 공개 강좌인 'K-MOOC' 뿐 아니라 'Coursera', 'Edx', 'Udacity' 등과 같은 해외 플랫폼으로 원하는 장소에서 언제든지 수강 가능하다.

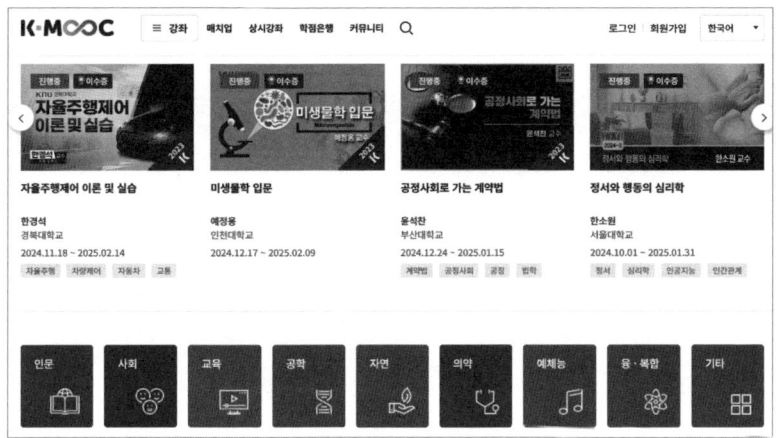

K-MOOC 홈페이지

　디지털 기술은 단순한 도구가 아닌 삶을 풍요롭게 만들고 새로운 기회를 만들 수 있는 통로가 될 수 있다. 중요한 것은 작은 도전이라도 시작해 보는 것이다. 온라인 커뮤니티에 가입하여 둘러보고 관심 있는 모임을 찾아보거나 디지털 배움터에서 필요한 교육을 들으면서 디지털 세상에서 한 걸음을 내딛는 것이 나의 삶의 새로운 장을 여는 출발점이 될 수 있다.

5 사회적 건강 체크리스트

　미국 보건복지부의 국립보건원National Institute of Health은 긍정적인 사회적 습관이 건강을 유지하는 데 중요하다고 강조하면서 '사회적 건강 체크리스트Social Wellness Toolkit'를 제공하고 있다. '사회적 건강을 개선하기 위한 6가지 전략'이 관계와 사회 참여를 위한 우리의 노력에 나침반이 되어줄 수 있다. 특히 돌봄에 대한 영역에서는 우리 인생의 어느 시점에 다가올 수 있는 간병에 대해 다룬다. 돌봄을 제공하는 과정에서도 자신을 돌보는 것이 중요하다는 점을 강조한다. 이 외에 영역별 체크리스트를 통해 부족한 부분을 보완하고 새로운 가능성을 찾아보는 데 활용해 보자.

| 연결을 만들어라 | 다른 사람들과의 연결은 건강에 강력한 영향을 미칠 수 있다. 가족, 친구, 이웃, 연인 또는 다른 사람들과의 관계를 통한 사회적 연결이 우리의 웰빙에 영향을 미칠 수 있다. 교류할 방법을 찾아보라 | • 취미 동아리에 참여한다(독서, 하이킹, 그림 등)
• 새로운 것을 배울 수 있는 수업을 듣는다(요리나 작문, 음악, 컴퓨터 등)
• 요가나 헬스 같은 신체 활동 수업을 듣는다
• 학교나 병원, 도서관에서 자원봉사한다. 다른 사람들을 돕는 것 자체로 외로움이 줄어든다
• 지역 행사나 이벤트에 참여한다
• 다른 장소를 여행해서 새로운 사람을 만난다 |

다른 사람을 돌보는 동시에 나도 돌봐라	우리는 인생의 어느 시점에 간병인이 되기도 한다. 간병의 스트레스와 부담은 건강에 큰 타격을 줄 수 있다. 다른 사람을 돌보면서 동시에 자신의 건강을 돌보는 방법을 찾아라	• 도움을 요청할 수 있는 방법과 대상을 목록화한다. 예를 들어 외출할 동안 돌봄을 대신할 사람을 요일별로 작성해 놓는다 • 매일 잠시라도 휴식을 취하려 노력한다 • 돌봄 제공자 지원 모임에 참여한다 • 가능하다면 취미와 관심사를 유지한다 • 돌봄 기술을 향상시킨다. 필요한 돌봄 수업을 듣는다
함께 활동하라	신체 활동은 많은 이점이 있다. 건강, 기분과 에너지 수준을 개선할 수 있으며, 이럴 때 친구, 가족과 기타 사회적 연결이 도움이 된다. 사회적 지원이라고 하는 다른 사람과의 활동을 통해 건강을 개선하기 위한 변화를 만들어라	• 네트워크를 만든다. 관심사를 나누거나 산책, 하이킹, 자전거 타기를 함께 할 모임을 가진다 • 누군가와 함께 하는 정기적인 일정을 만든다 • 목표를 다른 사람과 공유하고 서로 지지해 준다 • 대면 또는 온라인 수업에 참여한다 • 팀에 가입힌다. 지역 스포츠 모임을 찾아보라 • 가족활동에 참여한다 • 근처 요가나 헬스 수업에 참여한다
가족의 건강한 습관을 형성하라	부모로서, 배우자로, 자녀로 당신의 일상적 행동이 다른 사람에 영향을 줄 수 있다. 당신의 습관으로 당신의 가족이 건강한 식습관과 신체 활동 습관을 개발하도록 하라	• 가족과 함께 할 때 건강한 음식과 활동을 선택한다. 건강한 음식을 먹고, TV보거나 인터넷 대신 걷거나 함께 할 수 있는 활동을 한다 • 건강한 선택을 쉽게 만든다. 영양가 있는 음식과 스포츠 장비를 쉽게 접근하도록 준비한다 • 건강한 습관을 재미있게 만든다. 건강한 요리를 함께 만들거나 동물원에서 산책하기 등과 같이 말이다. • 핸드폰 등 스크린 시간을 제한한다 • 한번에 조금씩 변화를 시도한다

자녀, 손자녀와의 유대를 형성하라	자녀와 손자녀에게 반응적이고 일관되고 시간을 내주는 것은 그들과 긍정적이고 건강한 관계를 구축하는 데 도움이 된다. 강한 정서적 유대감을 형성하라. 그들이 삶이 도전에 대처할 수 있는 힘이 될 것이다	• (손)자녀가 좋은 행동을 보일때 포착하여 구체적으로 칭찬한다 • 의미있는 역할을 부여하고 긍정적으로 인정한다 • 친절한 말투, 어조, 몸짓을 사용한다 • 따뜻하고 긍정적이며 사랑이 넘치는 상호작용의 시간을 자주 가신다 • 문제 해결을 위해 함께 해결책을 고민한다 • (손)자녀의 걱정, 고민, 목표에 대해 물어본다 • 함께 즐기는 활동에 참여한다
건강한 관계를 구축하라	건강하고 강한 관계는 인생 전반에 걸쳐 중요하다. 어느 나이에나 관계를 형성하고 유지하고 개선하는 방법을 배우는 것이 중요하다. 건강한 관계가 어떤 모습인지, 관계를 지지적으로 유지하는 방법을 아는 것이 중요하다	• 자신의 감정을 솔직하게 표현한다 • 다른 사람들에게 필요한 것을 요청한다 • 판단하거나 비난하지 말고 다른 사람의 이야기를 들어주며 배려하고 공감한다 • 갈등 발생시 개인적인 공격으로 변하지 않도록 한다 • 다른 사람을 존중하고 정직하게 대한다 • 타협한다. 모두에게 효과적인 합의점을 찾으려고 노력한다 • 다른 사람들과의 경계를 설정하고, 자신이 할 수 있는 것과 할 수 없는 것을 결정하라. '아니오'라고 말해도 괜찮다 • 건강한 관계와 건강하지 않은 관계 방식의 차이를 인식한다

*이 책의 목적에 맞게 내용을 일부 수정하여 제시함

건강한 관계는 건강한 신체와 마음에 큰 영향을 미친다는 것을 확인할 수 있다. 건강한 관계는 관계를 채우는 것 만이 아닌 관계를 비우고 나누는 것을 포함한다. 작은 행동을 통해 좋은 관계를 만들어가 보자. 하루 10분의 대화, 새로운 수업에 참여하기, 소소한 봉사

활동하기, 공통의 관심사를 지닌 사람들과 함께 하는 모임 만들기 등 어느 것도 괜찮다. 깊고 풍요로운 삶이 될 것이다.

💬 오늘부터 한 가지

친구에게 안부 전하기

오래동안 연락하지 않은 친구가 있으면 오늘 메시지를 보내거나 전화를 걸어보자.

무심한 듯 커피 쿠폰을 보내면서 '문득 생각나서 연락해'라고 안부 인사를 전하는 것도 좋겠다.

오늘, 친구에게 연락해 보는 용기를 내보자.

참고할 만한 사이트

- **문화체육관광부 홈페이지: 지역 축제 및 행사 안내**
  www.mcst.go.kr → [문화광장] → 로컬100 / 지역축제 / 문화예술공연 / 체육행사
- **재능기부 포털**
  https://www.1365.go.kr/
- **크몽**
  무형의 재능이나 서비스, 지식 등의 판매자와 구매자 연결 플랫폼
  https://kmong.com/

- **탤런트뱅크: 전문가 자문 플랫폼**

  https://www.talentbank.co.kr/

- **미국 보건복지부 국립보건원**(National Institute of Health)**의 사회적 건강 체크리스트**(Social Wellness Toolkit)

  https://www.nih.gov/health-information/social-wellness-toolkit

연결의
돛을
달다

04.

세대 간 연결,
함께 성장하는 지혜

60대 중년의 신동원 씨는 과거와 사뭇 달라진 명절 분위기에 적응하기가 어렵다. 10대 중반까지만 해도 재롱을 부리며 장난치던 조카들이 20~30대가 되면서 어른들과의 대화를 피하는 분위기다. 젊은이들이 하도 '꼰대'라고 흉본다기에 그렇게 안 보이려고 나름 노력하며 다가가는데도 조카들 반응은 제법 서운하다. 나이든 사람끼리 앉아 뻔한 대화를 나누기보다 다양한 세대와 어울리며 진솔하게 소통하고 싶은데, 가족인데도 참 어렵기만 하다.

'추석명절, 손주부터 형님까지 가족 간 세대공감 소통법', 브라보마이라이프, 2021.09.15

명절이나 가족 모임처럼 '가족'이라는 이름으로 한자리에 모일

때, 이상하게도 마음은 멀게 느껴질 때가 있다. 같이 앉아 있어도 대화는 겉돌고, 같은 말을 해도 다르게 받아들여진다. 누군가는 "우리 땐 말이야…"로 시작하고, 또 다른 누군가는 "요즘은 그런 시대가 아니에요"라고 답한다. 대화는 점점 줄고, 마음의 거리는 조금씩 멀어진다. 세대 간 소통의 어려움은 단지 가족 간 갈등의 문제가 아니다. 이는 곧 우리가 함께 살아가는 방식, 서로를 어떻게 이해하고 공감할 수 있는지에 대한 문제이기도 하다. 서로 다른 시대를 살아온 우리가 함께 잘 살아가기 위해 필요한 첫걸음은, 각자의 시대를 돌아보는 일이다.

1 나는 어떤 세대인가

우리는 종종 잊고 지낸다. 내가 어떤 세대에 속해 있는지, 어떤 시대를 지나왔는지 말이다. '세대'는 단지 통계적 구분이 아니라, 내가 어떤 공기 속에서 자라났는지를 말해주는 삶의 배경이다. 스스로를 이해해야 다른 세대도 이해할 수 있다. 한국 사회에서는 보통 세대를 세 갈래로 나누어 설명한다. 물론 같은 세대 안에서도 삶은 제각각이지만, 비슷한 시대를 함께 지나온 사람들 사이에는 공유된 감정과 기억이 있다. 그 기억은 때로 대화를 여는 단서가 되기도 한다.

베이비붐 세대(1955~1963년 출생)

전쟁 이후 폐허 속에서 태어나, 산업화와 경제 성장의 한가운데를 살아온 세대다. 새마을운동, 조기 취업, 야간 학교, 자식 교육을 위한 도시 이주 등 삶의 대부분을 가족과 생계 중심의 현실 속에서 치열하게 버텨야 했던 시간이었다. '근면'과 '성실'이 최고의 덕목이었고, "열심히 일해 자녀를 잘 키우는 것"이 인생의 사명이었다. 성과는 곧 안정이었고, 희생은 미덕이었다. 누군가는 평생을 한 직장에서 일했고, 누군가는 자식들 뒷바라지에 모든 시간을 쏟았다. 성공한 자녀와 내 집 마련이 곧 '잘 살았다'는 증표가 되던 시대였다. 이제는 대부분 은퇴했지만, 여전히 가족을 향한 책임감은 깊다. 자녀의 일자리, 손주의 돌봄과 교육, 배우자의 건강까지 챙기며 살아가는 이들은, 책임감과 헌신을 몸에 익힌 세대다. 그래서 때로는 자기 감정을 표현하거나 도움을 요청하는 데 서툴 수도 있지만, 그만큼 삶의 무게를 깊이 이해하고 있는 세대이기도 하다.

X세대(1964~1979년 출생)

아날로그와 디지털, 군부정권과 민주화, 수동적 교육과 자기 표현의 시작 사이를 건너온 세대다. 중고등학교 시절엔 두발 검사와 체벌을 견디며 지냈고, 대학에서는 거리에서 민주화를 외쳤다. TV는 흑백에서 컬러로, 전화기는 다이얼에서 버튼으로 바뀌었고, 종이 신문을 보던 이들이 인터넷 포털로 뉴스를 검색하게 됐다. 빠르게 변하는 시대 속에서 순응과 질문을 동시에 배우며 자라난 세대다. '책임'과 '자유' 사이에서 균형을 고민하며 살아온 이들은, 위로는 부모 세대의 노후를 걱정하고 아래로는 MZ세대를 이해해야 하는 다리가 되었다. "일도 중요하지만 내 삶도 소중하다"는 가치를 받아들이며, 사회와 개인 사이의 새로운 기준을 찾고 있다. 세대 간 조율자이자, 전통과 변화 사이에서 균형을 찾는 세대라 할 수 있다.

MZ세대(1980~2004년 출생)

디지털 기술과 함께 자란 '디지털 네이티브' 세대다. TV보다 유튜브가 익숙하고, 메일보다는 메시지가 더 자연스럽다. 학창시절부터 스마트폰으로 검색하고 소통하며 자랐고, 정보는 넘치지만 정답은 스스로 찾는 법을 배워야 하는 시대를 살아왔다. 표현에 거리낌이 없고, 위계보다 수평을, 틀림보다 다름을 중시한다. 성과보다 의미를, 일보다 삶의 질을 중요하게 여기며, SNS를 통해 타인과 연결되고 세상에 자신의 목소리를 낼 줄 안다. 이들은 세상을 '바꿔야 할 대상'이 아니라 '함께 조율할 수 있는 무대'로 본다. 공감과 연결, 개성과 감정이 중요한 시대의 공기 속에서 성장한 세대다.

세대는 서로를 구분 짓는 틀이 아니라, 서로를 이해하는 창이 될 수 있다. 내가 어떤 시대를 지나왔는지 돌아보는 일은, 다른 세대를 이해하는 중요한 첫걸음이다. 지금의 나를 만든 경험은 무엇이었을까? 어떤 말투, 어떤 감정, 어떤 관계 맺음의 방식을 남겼을까? 이 질문은 세대 간 대화를 시작하는 가장 따뜻한 방법일지도 모른다.

2 세대 간 소통의 현실

요즘 우리는 증조할머니부터 손자까지, 한 가족 안에 여러 세대가 함께 살아간다. 할머니는 전화를 통해 직접 목소리를 전하는 소통을 선호하고, 부모 세대는 카카오톡 같은 메신저로 안부를 주고받는다.

자녀는 밈meme[1]이나 유튜브 링크로 감정을 표현하고, 손주는 인공지능 스피커에 말을 걸고 유튜브로 세상을 배운다. 같은 집 안에서도 말하는 방식, 정보를 얻는 방법, 하루를 살아가는 리듬이 모두 다르다. 기술은 같아도 쓰는 방식은 다르고, 익숙한 것이 다르면 말과 마음도 멀어지기 쉽다.

세대가 많아질수록 마음의 연결은 더 어려워진다. 같은 사회, 같은 집에 살아도 서로의 경험과 언어, 가치관이 너무 달라 때로는 말이 통하지 않는 벽을 느낀다. 세대 차이가 있다는 건 누구나 알지만, 그 차이를 어떻게 받아들이고 다가갈지는 여전히 풀기 어려운 숙제다.

이제 세대 간 단절은 더 이상 가족만의 문제가 아니다. 회사 회의, 동네 주민센터 같은 익숙한 공간에서도 서로 다른 세대가 만나 소통해야 할 일이 많다. 이런 일상 속에서도 말이 잘 통하지 않으면 협력이 어려워지고, 함께하는 목표도 멀어질 수 있다. 결국 세대 간 소통은 더 나은 사회를 위한 기본 조건이다. 이 장에서는 오늘날 세대 간 소통이 왜 어려운지, 어떤 현실적인 모습으로 드러나고 있는지를 살펴보고자 한다.

---

1   밈이란 한 사람이나 집단에서 다른 사람에게 모방을 통해 전달되는 생각, 스타일, 행동 등 모방 가능한 사회적 단위를 의미한다. 주로 사진, 영상, 유행어, 패러디 등 다양한 형태로 빠르게 퍼지는 2차 창작물을 가리킨다. 쉽게 말해, 온라인상에서 유행하는 '짤', 패러디 영상, 유행어 등이 모두 밈에 해당한다.

세대 갈등은 왜 생겼을까?

세대 간 갈등은 단지 개인의 성격 차이나 취향의 차이만으로 설명되기 어렵다. 가족 구조의 변화, 디지털 기술의 급속한 발달, 가치관의 전환, 코로나19 팬데믹 등 여러 요소가 복합적으로 작용하고 있다. 2022년 대통령 직속 국민통합위원회가 발표한 '지표와 데이터로 본 세대 갈등'에 따르면, 국민의 59.6%가 세대 갈등이 심각하다고 인식하고 있다.[2] 특히 20대와 30대는 지난 10년 간 꾸준히 세대 간 소통 부족을 느끼고 있다고 응답했으며, 50대와 60대 역시 젊은 세대와의 대화에서 어려움을 느끼는 비율이 크게 증가한 것으로 나타났다. 이러한 단절이 장기화될 경우, 상호 이해의 기반이 약화되며 갈등은 더 깊어질 수밖에 없다.

세대 간 갈등의 주요 요인 중 하나는 <u>가족에 대한 가치관 차이</u>다. '결혼은 반드시 해야 한다', '자녀는 꼭 있어야 한다', '이혼은 되도록 피해야 한다'는 생각에 대해 60대 이상은 높은 비율로 동의한 반면, 20대는 이 모든 항목에서 크게 낮은 수치를 보였다. 젊은 세대는 결혼이나 자녀 같은 인생의 선택을 개인의 자유로 여기며, 삶의 방식에 대한 다양성을 인정받길 원한다. 반면, 기성세대는 그 선택들을 가

---

2 '지표와 데이터로 본 세대 갈등', 국민통합위원회, 2022.

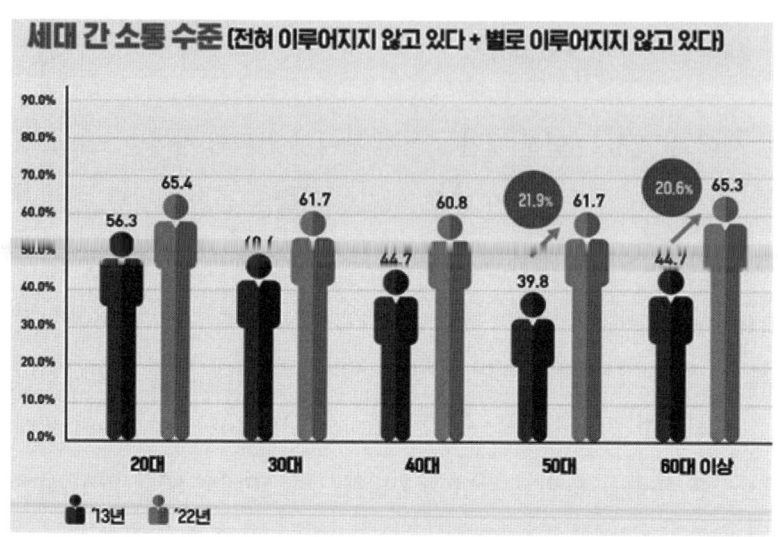

세대 간 소통 수준 (출처: 국민통합위원회 지표와 데이터로 본 세대 갈등)

족과 사회의 책임으로 연결해 해석하는 경우가 많다. 이 차이가 서로 존중되지 않으면, 갈등으로 비화된다.

한 사례로, 40대 직장맘 최승희 씨는 60대 초반의 엄마와 사사건건 갈등을 겪는다. 엄마는 손주의 숙제와 방과후 활동까지 챙기며 헌신하지만, 사사건건 참견하는 엄마의 간섭에 최 씨는 "이제 내 방식대로 살게 해달라"고 호소한다. 최 씨의 스트레스는 만성두통과 소화불량으로 나타나고 있다.[3] 이처럼 가까운 가족 사이에서도 세

---

3 '가족은 '전쟁 중' 가족 갈등, 집안 문제가 아닌 사회문제다', 〈주간조선〉, 2018.10.01.

대 간 간섭과 기대는 서로에게 큰 부담이 될 수 있다.

과거에는 세대 간 자연스러운 소통이 가능했다. 대가족 중심의 삶에서는 여러 세대가 한 공간에서 함께 살며 문화를 공유했기 때문이다. 그러나 지금은 핵가족화와 1인 가구의 증가로 소통의 기회가 줄었다. **디지털 격차**도 세대 간 소통의 장벽으로 작용한다. 젊은 세대는 디지털 기기에 익숙하고, 줄임말과 이모지로 빠르게 소통하지만, 기성세대는 이러한 방식에 적응하지 못해 문화적 거리감을 느낀다. "ㅇㅈ(인정)", "갓생(멋지게 사는 삶)", "갑분싸(갑자기 분위기 싸해짐)" 같은 표현은 젊은 세대에게는 자연스럽지만, 부모 세대에게는 외계어처럼 들릴 수 있다. 이는 단순한 말투의 차이를 넘어서, 세대를 가르는 언어의 장벽이 된다.

결국, 세대 간 갈등은 피할 수 없는 시대적 변화 속에서 생겨난 차이들이 존중받지 못할 때 발생한다. 각 세대가 살아온 배경과 형성된 가치관은 다를 수밖에 없다. 중요한 건 그 차이를 이해하고, 대화를 통해 서로의 다름을 받아들이는 노력이다. 이를 통해 우리는 단절을 줄이고, 세대를 잇는 건강한 연결을 만들어갈 수 있다.

3 소통의 장벽을 허물다

가치관 차이 인정하기

베이비붐 세대는 조직과 사회에서 성과와 직위 상승을 통해 안정된 삶을 추구했으며, 이는 가족 부양과 국가 경제 발전에 대한 책임감에서 비롯되었다. 이들은 근면과 성실을 바탕으로 조직 내 집단주의적 문화를 중시하고, 위계질서를 존중하는 가치관을 형성했다. 그러나 이러한 사고방식은 개인의 자율성과 다양성을 중시하는 X세대와 MZ세대에게는 강압적으로 느껴질 수 있다. 예를 들어, 베이비붐 세대가 직장 내에서 '오랜 시간 일하는 것'을 성실함의 기준으로 본다면, 유연한 근무 방식을 선호하는 MZ세대는 이러한 기준을 비효율적이라고 느낄 가능성이 크다.

X세대는 베이비붐 세대와 MZ세대의 가교 역할을 할 수 있는 세대로, 아날로그와 디지털 문화를 모두 경험하며 두 세대의 사고방식을 이해할 수 있는 장점을 지닌다. 하지만 이들 또한 갈등에서 자유롭지 않다. 예를 들어, X세대는 안정된 경력과 조직 내 성과를 중시하면서도 자율성을 강조하는 반면, 베이비붐 세대는 이를 '책임감

부족'으로, MZ세대는 '보수적'으로 여길 수 있다. X세대는 효율성과 실용성을 중시하는 실용주의적 사고를 바탕으로 갈등을 해결하려 하지만, 지나친 현실주의가 이상과 가치를 중시하는 MZ세대의 입장과 충돌할 여지도 있다.

　MZ세대는 디지털 네이티브로서 빠르게 변화하는 환경에 적응하는 데 강점이 있다. 이들은 유연성과 창의성을 바탕으로 조직과 사회에 새로운 변화를 불러일으키고 있다. 하지만 이들의 높은 자율성 요구와 조직 문화에 대한 비판적 태도는 위계질서를 중시하는 베이비붐 세대와 충돌할 가능성이 크다. 예를 들어, MZ세대는 직장 내 권위적인 구조를 거부하고 팀워크와 개방적인 소통을 선호하지만, 베이비붐 세대는 이를 '충성심 결여'로 오해할 수 있다.

　이처럼 세대 간 갈등과 소통의 장벽을 허물기 위한 노력은 각 세대가 서로를 이해하고 존중하는 데 중요한 역할을 하며, 궁극적으로 사회 통합과 협력적인 사회로 나아가는 기반이 된다. 세대 간의 차이를 인정하고, 서로의 경험과 가치를 존중하는 과정은 개인 간의 갈등을 줄이는 데 기여할 뿐만 아니라, 다양한 세대가 함께 협력할 수 있는 환경을 조성한다. 이러한 상호 이해와 존중은 공동체 내에서 신뢰를 쌓고, 다양한 세대가 협력하여 공동의 목표를 이루어가는 데 필수적이다. 또한, 세대 간 협력이 증진되면 사회적, 경제적 발전에도 긍정적인 영향을 미치며, 지속 가능한 발전을 위한 중요한 원

동력이 된다. 따라서 세대 간 소통의 장벽을 허물고, 각 세대가 상호 협력하는 사회는 더 강하고 건강한 공동체로 나아가는 데 중요한 기여를 할 것이다.

편견과 고정관념 극복

세대 간 편견과 고정관념을 극복하기 위해서는 다양한 노력이 필요하다. 먼저, **개방적 태도**를 갖는 것이 중요하다. 다른 세대의 관점과 경험을 이해하려는 열린 마음을 가져야 하며, 이를 통해 세대 간 차이를 인정하고 받아들일 수 있다. 또한, 개인의 다양성을 인정하는 것도 중요하다. 같은 세대 내에서도 개인차가 있음을 인식하고, 세대를 일반화하지 않도록 주의해야 한다. 이는 각 개인의 고유한 특성과 경험을 존중하는 데 도움이 된다.

이를 위하여 상호 학습 기회를 만드는 것도 효과적인 방법이다. 세대 간 멘토링이나 리버스reverse 멘토링 프로그램을 통해 서로의 강점을 배우고 이해를 높일 수 있다. 이러한 프로그램은 세대 간 지식과 경험의 교류를 촉진하며, 서로에 대한 이해를 깊게 만든다. Hershey(허쉬)의 'Gen H'Generation Hershey 프로그램에서는 서로 다른 세대의 직원들이 팀을 이루어 회사의 실제 문제를 해결하는 프로젝트를 수행한다.[4] 이를 통해 혁신적인 아이디어가 창출되고, 세대 간 이해가 증진되며, 지식 전수가 가속화되는 효과가 나타났다. 또한, GUCCI(구찌)의 사례도 주목할 만하다. 구찌는 30세 이하 직원들로 구성된 '그림자 위원회'를 만들어 CEO와 함께 주요 안건을 토론하고, 젊은 세대의 아이디어를 적극 반영했다.[5] 그 결과 브랜드 이미지가 혁신되어 젊은 고객층의 호응을 얻었고, 매출이 크게 증가하는 성과를 거두었다. 이러한 사례는 조직 차원에서 운영된 프로그램이지만, 개인적인 수준에서도 충분히 시도해 볼 수 있다. 예를 들어, 주변의 다른 세대와 대화를 시도하는 것도 좋은 시작이다. 중요한 것은 서로를 배우고 이해하려는 의도이며, 그 자체가 세대 간 소통의 문을 여는 열쇠가 된다.

마지막으로, <u>고정관념을 깨는 노력</u>이 필요하다. "요즘 애들은…", "옛날 사람들은…" 등의 표현을 자제하고, 개인의 특성에 초점을 맞추는 것이 중요하다. 이를 통해 세대에 대한 일반화된 판단을 피하고, 각 개인의 고유한 특성과 능력을 인정할 수 있다. 이러한 노력들은 세대 간 소통을 원활하게 하고, 상호 이해와 존중을 증진시키는 데 기여할 수 있다.

---

4 'Exploring generational diversity at Hershey', LinkedIn. Williams, C. A., October 28, 2022.
5 Wang, J., "Gucci's secret to success? A "shadow committee" of millennials", *W Magazine*, October 27, 2017.

세대 간 효과적인 소통

세대 간 효과적인 소통을 위해서는 여러 가지 방법을 활용할 수 있다. 먼저, **적극적 경청**이 중요하다. 상대방의 말을 끊지 않고 주의 깊게 듣는 것은 물론, 눈 맞춤이나 고개 끄덕임 등의 비언어적 표현을 통해 관심을 보이는 것이 효과적이다. 더불어, 공감 표현하기도 핵심적인 방법이다. 상대방의 감정과 경험을 인정하고 이해하려 노력해야 한다. "당신의 입장에서는 그렇게 느낄 수 있겠어요"와 같은 표현을 사용하여 공감을 표현할 수 있다.

세대 간 소통을 원활하게 하기 위해서는 차이점보다는 **공통점**에 초점을 맞추는 것이 중요하다. 세대 간에는 가치관, 경험, 우선순위에서 차이가 있을 수 있지만, 공통된 관심사나 목표를 찾는 것은 서로를 이해하고 연결하는 데 큰 도움이 된다. 예를 들어, 관심사, 가족과의 관계, 삶의 의미와 목적 등을 공유하는 것은 각 세대가 서로 이해하는 데 중요한 기반이 된다. 이러한 공통된 목표를 바탕으로 대화를 이어가면 서로의 차이를 넘어서는 협력과 존중을 증진할 수 있다.

마지막으로, **유연한 소통 방식**을 채택하는 것은 세대 간 소통을 효과적으로 증진시키는 중요한 요소이다. 대면, 메신저, 이메일 등 다양한 소통 채널을 활용하면 각 세대가 선호하는 방식으로 더 편안하게 소통할 수 있다. 예를 들어, 젊은 세대는 빠르고 직관적인 메신저나 소셜 미디어를 선호하는 반면, 중장년층은 이메일이나 전화, 대면 소통을 더 선호할 수 있다. 이러한 차이를 존중하고 각 세대에 맞는 소통 방법을 선택하면 소통의 효율성을 높일 수 있다. 또한, 여러 소통 채널을 활용함으로써 상황에 맞게 적절한 방법을 선택할 수 있으며, 비대면 상황에서도 소통이 원활하게 이루어질 수 있다. 이러한 유연한 접근은 세대 간 소통의 질을 높이고, 상호 이해와 협력의 기회를 넓혀 세대 간 갈등을 줄이는 데 기여한다.

4 디지털 시대, 세대 간 소통의 새로운 가능성

디지털 기술의 발전은 세대 간 소통에 새로운 기회와 도전을 동시에 안겨주고 있다. 특히 소셜 미디어와 온라인 플랫폼은 시간과 공간의 제약을 넘어서 다양한 세대가 쉽게 연결되고, 서로의 삶을 공유할 수 있는 새로운 소통의 장을 제공하고 있다. 중장년층 역시 SNS를 통해 자녀와 일상을 나누고, 유튜브 같은 플랫폼에서 자신의 경험을 콘텐츠로 제작하며 세대 간 대화를 이어가고 있다.

최근에는 숏폼 영상 플랫폼인 틱톡, 릴스 등이 세대 간 소통의 새로운 매개로 부상하고 있다. 짧고 직관적인 형식 덕분에 누구나 쉽게 참여할 수 있으며, 특히 '가족 댄스 챌린지'와 같은 콘텐츠는 중장년과 자녀 세대가 함께 유행하는 댄스를 따라 하며 자연스럽게 교감하는 계기를 만든다. 자녀가 안무를 가르치고, 부모가 익숙하지 않은 동작을 따라 하며 함께 웃고 노력하는 과정은 단순한 놀이를 넘어 서로의 문화를 이해하고 감정을 나누는 소중한 시간으로 이어진다.

이와 같은 디지털 기반의 가족 콘텐츠 제작은 가족 내 소통을 넘어 사회 전반에 세대 통합적 소통 문화를 확산시키고 있다. 예를 들어, '기억공장'의 인생다큐 프로젝트는 자녀가 부모의 생애를 사진과 인터뷰 영상으로 구성해 선물하는 활동으로, 서로의 삶을 깊이 이해하고 감정적 유대를 강화하는 의미 있는 사례로 소개된다.

이러한 변화는 기존의 수직적·일방적 소통에서 벗어나, 수평적이고 상호작용적인 방식으로 전환되고 있음을 보여준다. 함께 콘텐츠를 기획하고 제작하는 과정에서 각 세대는 서로의 관점과 언어를 이해하고, 새로운 가족 문화를 만들어 간다. 이는 가정뿐만 아니라 지역사회, 직장에서도 새로운 소통의 문화를 확산시키는 데 기여할 수 있다.

다만, 디지털 기술의 혜택이 모두에게 동일하게 주어지는 것은 아니다. 여전히 중장년층 중 일부는 새로운 기기나 플랫폼 활용에 익숙하지 않아 소통 기회에서 소외되거나 정보 접근에 제약을 받기도 한다. 이를 해소하기 위해, 각 지역에서는 세대 간 디지털 교육, 스마트기기 활용법 교육, 콘텐츠 제작 워크숍 등 다양한 프로그램을 운영하고 있다. 예를 들어, 서울시50플러스재단은 중장년층이 자신의 경험을 디지털 콘텐츠로 제작해 사회와 소통할 수 있도록 다양한 유튜브 교육 프로그램을 운영하고 있으며, 경상남도의 '에듀버스'는 농어촌을 순회하며 스마트기기 활용과 키오스크 교육을 제공해 실생활 속 디지털 격차를 줄이는 데 기여하고 있다.[6][7]

결국 디지털 시대의 세대 소통은 단순히 기술 숙련도의 문제가 아니다. 핵심은 서로를 이해하고 존중하려는 태도, 그리고 열린 마음이다. 다양한 플랫폼과 콘텐츠를 매개로 한 소통은 세대 간의 벽을 낮추고, 정서적 유대감을 회복하며, 새로운 공동체 문화를 형성해 간다. 이는 세대 갈등을 해소하는 것을 넘어, 각 세대의 강점을 결합하여 새로운 가치를 창출하는 기반이 될 수 있다. 앞으로도 디지털은 소통의 장벽이 아니라, 세대 간 다리를 놓는 도구가 되어야 한다.

6　[동작] 유튜브 크리에이터의 시작: 동영상 편집 정복, 서울시50플러스재단, 2025.
7　에듀버스가 직접 찾아갑니다: 경상남도 디지털역량강화 교육.[동영상]
　　https://www.youtube.com/watch?v=iRNJiUYEWOM

5 미래를 위한 세대 공동체 만들기

우리는 살아온 시간도, 살아갈 시간도 똑같이 존중받는 사회를 지향한다. 청년과 기성세대로 나뉜 이분법적 구분을 넘어, 서로의 사이를 이해하고 함께 살아갈 수 있는 '세대 공동체' 구축은 오늘날 우리 사회가 반드시 풀어가야 할 중요한 과제다. 이를 위해서는 제도적 기반 마련뿐 아니라, 생활 공간과 일상의 경험을 나눌 수 있는 '통합의 형태'가 함께 마련되어야 한다.

먼저 지역 사회에서는 중장년과 청년 세대가 함께 어울릴 수 있는 실천적 사례가 나타나고 있다. 2024년 화성 동탄에서 운영된 '신나는 한화포레나 마을 이야기'는 같은 동네에 사는 세대들이 함께 활동하는 프로그램이다.[8] 중장년층은 어린이들과 종이접기나 풍선아트 등을 함께하며 돌봄의 기쁨을 경험하고, 여름방학 동안에는 작은 도서관에서 함께 전통 음식을 만들며 지역 주민들과 세대 간 교류를 이어갔다. 일상 속 소통은 서로 다른 세대의 경험을 이해하는 데 가장 효과적인 통로가 된다.

또한 서울시50플러스재단의 '한지붕세대공감'은 중장년 이상이

---

8   왕유정, '신나는 한화포레나 세대공감 활동 추석 떡 만들기', 경기마을공동체지원센터, 2024.10.24.

중심이 되는 주거 공유 모델이다.[9] 50~60대의 집에 청년이 함께 거주하면서 서로에게 삶의 지혜와 일상의 활기를 나누는 이 프로그램은 단순한 공간 공유를 넘어, 서로의 일상에 힘이 되어주는 관계를 만들어 간다. 한 참여자는 "다 큰 자녀를 떠나보낸 뒤 생긴 허전함을 이 프로그램을 통해 채웠다"며, 새로운 가족 같은 관계의 소중함을 전했다.

이러한 사례들은 중장년 세대가 단순히 돌봄을 받는 존재가 아니라, 경험을 나누고 관계를 주도하는 세대로서 새로운 역할을 만들어 가고 있음을 보여준다. 이는 세대 간 정서적 거리를 좁히고, 공동체 안에서 '함께 살아가는 힘'을 회복하는 데 중요한 기반이 된다.

앞으로의 사회는 세대를 나누기보다, 세대를 잇는 방향으로 가야 한다. 서로의 삶을 존중하며 공동의 미래를 함께 설계해 가는 세대 공동체야말로 우리가 지향해야 할 방향이다. 세대는 다르지만, 내일은 함께 만들 수 있다는 믿음이야말로 진정한 통합의 출발점이 될 것이다.

---

[9] '한지붕세대공감 사업보고서', 서울시50플러스재단, 2022.

💬 오늘부터 한 가지

'그때 그 시절'의 유행가나 영화를 함께 즐겨보자. 각자 추억 속 노래나 영화를 한 편씩 소개하고, 그때 느꼈던 감정을 나누다 보면 웃음과 공감이 쌓이며 서로를 더 이해하게 될 것이다.

05

온라인이라는 무한 가능성의 물결 위에서

1942년생 동갑내기 이찬재·안경자 부부가 집 거실에서 가수 싸이의 '댓댓' 노래에 맞춰 춤을 춘다. 짧은 동영상을 공유하는 소셜미디어 틱톡에 지난달 올라온 20초짜리 이 영상엔 73만 개의 하트(일종의 '좋아요' 표시), 1만 3,000개 넘는 댓글이 달렸다. 2020년 초 손주들과 소통하기 위해 틱톡을 시작했다는 이들 부부의 팔로어는 240만 명. LG전자는 최근 이 씨 부부를 모델로 내세워 국내 가전 업계에선 처음으로 시니어 고객을 위한 동영상 매뉴얼을 만들었다. 이씨는 "틱톡을 하며 몸과 마음이 젊어지고 건강해지는 느낌이라 주변 친구들에게도 해볼 것을 적극적으로 권유하고 있다"고 말한다.

'동영상도 직접 찍는다⋯80세 '댄싱 부부' 팔로어 240만 명', <조선일보>, 2022.06.23

위 신문 기사에서 소개된 황혼의 인플루언서들을 **그랜플루언서**라고 부른다. 그랜플루언서Granfluencer는 'influencer(인플루언서, 영향력 있는 사람)' 앞에 grandma(할머니), grandpa(할아버지)의 앞 글자 'gran'을 붙인 신조어이다. 그랜플루언서들은 유튜브나 인스타그램 같은 소셜미디어에서 활약하며 삶을 공유하고 트렌디한 콘텐츠를 생산하고 있는 시니어들이다. 이들은 건강, 패션, 음식, 라이프스타일 등 다양한 분야에서 큰 영향을 미치고 있다. 이처럼 나이와 상관없이 디지털 기술과 온라인 플랫폼을 적극적으로 활용해 다양한 세대와 소통하고, 콘텐츠 소비자 역할을 넘어, 자신만의 브랜드를 만들어 가는 주체로 거듭나는 가능성도 보여준다.

그랜플루언서들의 활약은 우리 사회가 겪고 있는 세대 갈등, 노년의 고립, 디지털 격차[1] 같은 문제들을 환기시키는 긍정적인 신호다. 디지털 세상에서 활기차게 활동하는 이들의 모습은, 노화에 대한 선입견을 극복하고 어떻게 중장년 및 노년기를 활력있고 의미 있게 보낼 수 있는지 보여주기 때문이다. 디지털과 온라인 기술은 이제 더 이상 특별한 사람들의 전유물이 아니다. 스마트폰과 컴퓨터 같은 디지털 기기들은 우리의 소통 방식은 물론, 정보 탐색, 자기 계발, 쇼핑과 금융까지 삶 다양한 영역에서 새로운 가능성을 열어주고 있다.

---

1 디지털 격차란 인터넷, 컴퓨터, 스마트폰 같은 디지털 기술과 기기에 대한 접근성과 이를 효과적으로 활용하는 능력에 개인 혹은 집단 간에 불평등이 있음을 가리킨다.

이번 장에서는 '디지털과 온라인'을 웰에이징을 위한 중요한 도구로 보고, 우리가 어떻게 이들을 배우고 활용할 수 있을지 먼저 살펴본다. 이어서 디지털 기술과 온라인 플랫폼이 우리 생활 속에 어떤 방식으로 자리 잡고 있는지 구체적으로 들여다보고, 마지막으로 이 기술들을 창작 활동에 어떻게 활용할 수 있을지도 함께 나누고자 한다.

1 디지털과 온라인, 그리고 배움

 요즘 '디지털'과 '온라인'이라는 말을 자주 듣는다. 이 둘은 비슷해 보이지만 의미가 다르다. 디지털은 쉽게 말해 정보를 숫자나 코드로 바꾸어 처리하고 저장하는 방식이다. 디지털 사진, 디지털 음악 파일처럼 컴퓨터나 스마트폰으로 다루는 모든 정보가 여기에 해당된다. 반면 온라인은 인터넷에 연결된 상태를 말한다. 이메일을 보내거나 웹사이트를 보는 것, 유튜브를 보는 것 등이 모두 온라인 활동이다. 이 둘이 중요한 이유는 지금 우리가 살아가는 세상에서는 디지털 기술과 온라인 세계에 익숙해지는 것이 삶을 훨씬 더 편리하고 다채롭게 만들어 주기 때문이다. 디지털과 온라인을 잘 활용하면 배우고 성장할 수 있는 기회도 훨씬 많아진다.

디지털과 온라인을 '통해' 배우기

온라인으로 배우는 가장 큰 장점은 편리하고 내 마음대로 조절할 수 있다는 점이다. 집에서도, 카페에서도, 심지어 여행 중에도 스마트폰이나 컴퓨터만 있으면 언제든지 배울 수 있다. 내가 원하는 시간에, 내가 원하는 내용을, 내가 원하는 속도로, 반복해서 볼 수도 있다. 이런 자유로운 배움은 요즘에 큰 인기를 끌고 있다.

특히 유튜브는 가장 널리 쓰이는 온라인 학습 도구 중 하나이다. 요리, 운동, 손뜨개, 외국어, 원예 등 주제도 정말 다양하다. 그런가 하면, 유튜브를 통해 고령에도 배움을 꾸준히 이어가는 사람들의 이야기를 접하면서 많은 사람들이 나이가 들어서도 배움을 지속하며 활기찬 삶을 꾸려나갈 동기를 부여받기도 한다. MBN 방송은 2023년 104세 김영래 어르신을 촬영하여 유튜브에 업로드하였는데, 100세가 넘었지만 호기심에 가득 차 매일 공부하며 바쁘게 지내고, 60세부터 시작한 세계 여행에 대한 책도 출판하며, 가족들과 주변 사람들에게 존경을 받는 분으로 소개하고 있다. 이런 모습은 많은 사람들에게 "나도 할 수 있겠다"는 용기, 그리고 "나도 저렇게 하고 싶다"는 자극을 준다.

유튜브만큼 많은 사람들에게 알려지지는 않았지만 고급 학문과 실용 기술을 무료로 배울 수 있는 우리나라 온라인 강의 플랫폼으로

K-MOOC가 있다. 5천 개 이상의 강좌가 제공되며, 인문, 사회, 교육, 공학, 자연, 의학, 예체능, 융복합 별로 폭넓게 수강할 수 있다. 따라서 새로운 지식과 기술을 배우거나 오래된 관심사를 더욱 깊이 탐구하는 데 큰 도움이 된다. K-MOOC의 강좌 중에는 대학이나 공공기관, 기업에서 만든 강좌가 있는가 하면, 방송사와 함께하는 교양 강좌, 그리고 취업 준비를 위한 취업 역량 강좌 등이 있다. 학점으로 인정받을 수 있는 강좌도 있는데, 이들 강좌는 학점은행제[2] 학점 인정 신청을 통해 학점으로 인정받을 수 있도록 되어 있다.

뿐만 아니라, 많은 공공기관들이 디지털 기술을 활용하여 체험하는 배움이 가능하도록 하고 있다. 예를 들어 국립중앙박물관에서는 '디지털 실감 영상관'을 마련하여 파노라마 영상, 그리고 **가상현실**VR과 **증강현실**AR[3] 체험을 할 수 있다. 이러한 디지털 기술과 온라인을 접목하면 놀랄 만한 체험을 할 수 있다. 가상현실을 직접 체험해 보고 싶다면 국립중앙박물관이 유튜브에 업로드한 'VR 360° 온라인 실감 콘텐츠' 시리즈를 활용해 보자. 이 콘텐츠를 통해 디지털 실감

---

2 학교 밖에서 이루어지는 여러 학습을 학점으로 인정받을 수 있도록 하는 제도.
3 가상현실과 증강현실은 디지털 정보를 현실과 결합하는 기술이다. 둘의 차이점은, 가상현실이 완전히 가상의 세계를 만들어 사용자를 몰입시키는 데 반해, 증강현실은 현실 환경에 가상의 정보를 덧붙인다. 예를 들어 가상현실 게임에서는 VR 헤드셋을 착용하여 실제 주변 환경을 완벽히 차단하고 사용자가 전적으로 디지털 가상 공간에서 상호작용을 하게 된다. 이에 반해 증강현실의 예는 스마트폰 화면을 내 방에 비출 때 화면 위에 이미지나 글자 등이 추가로 나타나는 것이다. '포켓몬 고'와 같은 게임이 증강현실의 예이다.

영상관의 파노라마 영상 현장과 동일한 이미지를 사용자가 언제 어디서나 360°로 감상할 수 있다. 예를 들어, 스마트폰에서 유튜브 앱을 열어 '온라인 실감 콘텐츠 신선들의 잔치'를 검색한 뒤, 동영상 하단의 '온라인 실감 콘텐츠 즐기는 방법'을 참고해 설정을 조정한 나 1번 나음 방 안에서 스마트폰 화면을 바닥 쪽으로 비추어 보자. 이제 스마트폰 화면을 천천히 천정으로 향할 때 이미지가 어떻게 바뀌는지 직접 실험해 보자. 그리고 다시 한쪽 벽면으로 스마트폰 화면을 향하고 다른 벽면으로 천천히 이동하면서 화면 속 이미지가 내 움직임에 맞춰 변화하는 것을 세심하게 관찰하는 것이 포인트다. 스마트폰을 움직이는 방향에 따라 화면이 달라져서 마치 내가 직접 박물관 안에서 파노라마 영상을 체험하는 것 같은 기분을 느낄 수 있다.

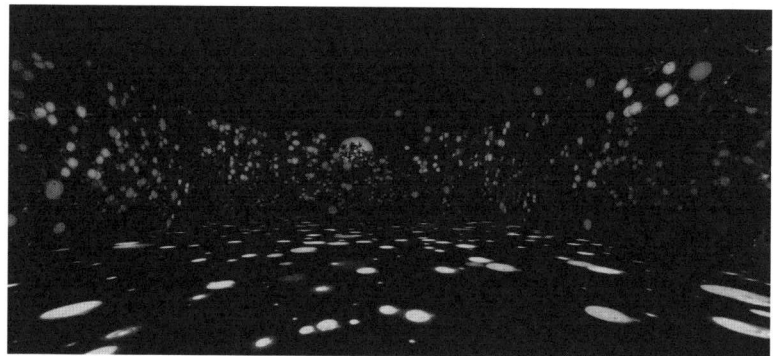

유튜브를 통한 가상현실 체험 (출처: 국립중앙박물관 '온라인 실감 콘텐츠' 유튜브)

디지털로 만든 책, **전자책**도 배움의 좋은 도구이다. 전자책은 스마트폰이나 컴퓨터 등으로 읽거나 들을 수 있기 때문에 수 천, 수 만 권을 한 기기에 담을 수 있다. 뿐만 아니라, 특정 단어나 문장 등 필요한 내용 검색이 용이하고 가격도 종이책에 비해 저렴한 편이다. 글자 크기도 크게 조절 할 수 있어 시력이 좋지 않은 사람도 수월하게 읽을 수 있다는 장점이 있다.

그러나 디지털 기술과 온라인 플랫폼을 활용한 학습에는 위험도 따른다. 예를 들어 스마트폰이나 태블릿 컴퓨터를 오래 들여다 보고 있으면 눈의 피로도가 높아지고 목이 굽어지는 등 건강이 악화될 수 있기 때문이다. 따라서 전문가들은 선사 시기로 글을 읽을 때는 어두운 곳이나 자외선이 강한 곳은 피하고 화면과 눈 사이의 거리를 40cm 이상 유지해야 하며, 30분 독서 후 10분 정도 먼 곳을 주시하는 등의 활동을 통해 눈이 휴식할 수 있도록 해야 한다고 조언한다.[4]

눈으로 계속 전자 기기 화면을 주시하는 대신 귀로 들을 수 있는 프로그램이나 기능을 활용하는 것도 좋은 방법일 것이다. 전자책에서 **오디오북**, 혹은 읽어주는 기능을 사용하여 책 내용을 귀로 들을 수 있도록 하는 것이 좋은 예이다. 그리고 팟빵과 같은 오디오 방송

---

[4] '종이책 아닌 전자책 볼 때⋯ '독해력' 떨어지는 까닭', 〈헬스조선〉, 2023.03.17.

앱을 이용해 다양한 이야기를 들을 수도 있다. '지금이 소중해'와 시니어 방송부터 지역 마을 이야기를 담은 라디오까지, 간단한 클릭 몇 번 만으로 쉽게 들을 수 있다.

디지털과 온라인에 '관해' 배우기

디지털과 온라인이 우리 삶에 꼭 필요한 도구가 되었지만, 잘 모르면 오히려 불편하거나 위험한 상황이 생길 수도 있다. 그래서 요즘은 디지털을 사용하는 법뿐 아니라, 이해하고 안전하게 활용하는 법도 배울 필요가 있다.

정부와 지자체에서는 **디지털 리터러시**(디지털을 올바르게 이해하고 활용하는 능력)를 높이기 위해 다양한 교육 프로그램을 운영하고 있다.

'백세시대'와 '전국민 디지털역량교육 경기사업단'이 운영한 시니어 디지털 교육에서는, '컴맹도 아주 쉽게 이해할 수 있는' 기초적인 내용부터 유튜버가 되는 방법까지에 관한 특강을 마련하였다.[5] 이 특강은 줌Zoom을 통해 온라인으로 수업을 듣도록 되어 있는데, 온라인 수업에 익숙하지 않은 사람들을 위해 미리 온라인 수업을 듣는

5　'백세시대 '시니어 디지털교육' 신청하세요', 〈백세시대〉, 2020.12.31.

방법부터 안내하는 친절한 과정도 있었다.

이 시니어 디지털 교육 프로그램에 참여한 65세 박춘도 씨는 이 특강이 인생의 변곡점이 되었다고 말했다.[6] 특강을 듣기 전에는 장기간 집 안에만 머물며 심한 우울감에 시달렸다고 한다. 컴퓨터와 스마트폰 활용법을 배운 후에는 삶을 보는 관점이 달라졌다며, '스마트폰으로 사진을 찍어 지인과 주고 받으며 소통할 수 있게 됐고, 전혀 몰랐던 영역에 대해 알게 되면서 내 안에 열정이 되살아난 기분이 든다'고 하였다. 한편, 이 특강 시리즈의 '유튜버 되기' 교육이 참여자들에게 특히 인기를 끌었다고 한다. 이처럼 나이가 들어도 디지털과 온라인에 있어 단순 소비자에서 벗어나 콘텐츠 크리에이터로서 더욱 주도적인 역할을 하고 싶어 하는 경우가 적지 않다.

또 하나 주목할 만한 곳이 **디지털배움터**이다. 과학기술정보통신부가 운영하는 이 배움터는 전국의 주민센터, 도서관 등에 마련되어 있다. 누구나 집 근처 시설에서 운영 중인 디지털배움터를 통해 무료로 맞춤형 디지털 교육과 상담을 받을 수 있다. 디지털배움터 유튜브 채널을 통해 키오스크 활용법, 언택트 설 명절 보내기, 유튜브 수익 창출 방법, 모바일 보안 관리, 지도 앱 활용법 등 다양한 디지털 실생활 활용 교육 동영상을 볼 수 있다. 그리고 디지털배움터 웹

---

6 '백세시대·경기사업단이 함께 진행한 '시니어 디지털 교육'… "디지털배움터서 교육받고 삶의 활력이 생겼어요."', 〈백세시대〉, 2021.02.05.

사이트에 가면 자신이 살고 있는 지역에서 제일 가까운 디지털배움터가 어디인지 검색할 수 있으며, 관심 있는 교육 과정을 찾아 신청할 수 있다. 웹사이트에서는 콘텐츠 로드맵을 통해 전체 교육 과정을 한눈에 살펴볼 수 있다. 교육 내용은 '친숙해지기', '정보 습득하기', '소통하기', '안전하기', '일상생활하기', '일하기', '만들기'처럼 여러 주제로 나뉘어 있다. 각각 어떤 내용을 담고 있는지 좀 더 쉽게 이해할 수 있도록 '정보 습득하기'와 '일하기'를 예시로 소개하고자 한다.

다음 그림에서 볼 수 있듯이, 각각의 대주제 아래에는 다시 다양한 세부 주제들이 정리되어 있다. 음영 처리된 각 소주제들(예를 들면 왼쪽 이미지에서 보이는 '정보 검색', '스마트폰 콘텐츠 관리', '디지털 자료 저장과 관리', '디지털 정보')를 클릭하면 각 주제에 해당하는 학습 화면으로 이동하게 된다. 예를 들어 '디지털 자료 저장과 관리'를 누르면 다음 쪽 그림의 왼쪽 이미지처럼 학습 내용이 나오는 화면으로 연결되는데, 이 화면에서는 해당 내용이 어떤 분류에 속하는지 다시 확인할 수 있고, 교육 내용 수준(기초, 생활, 심화), 세부 내용, 그리고 학습 목표도 함께 볼 수 있다.

화면 아래쪽에는 '동영상', '교재', '오디오북'의 세 개 버튼이 있어, 원하는 자료 형태를 선택해서 볼 수 있도록 구성되어 있다. 예를 들어 동영상 버튼을 클릭하면 위 그림의 오른쪽 이미지처럼 강의

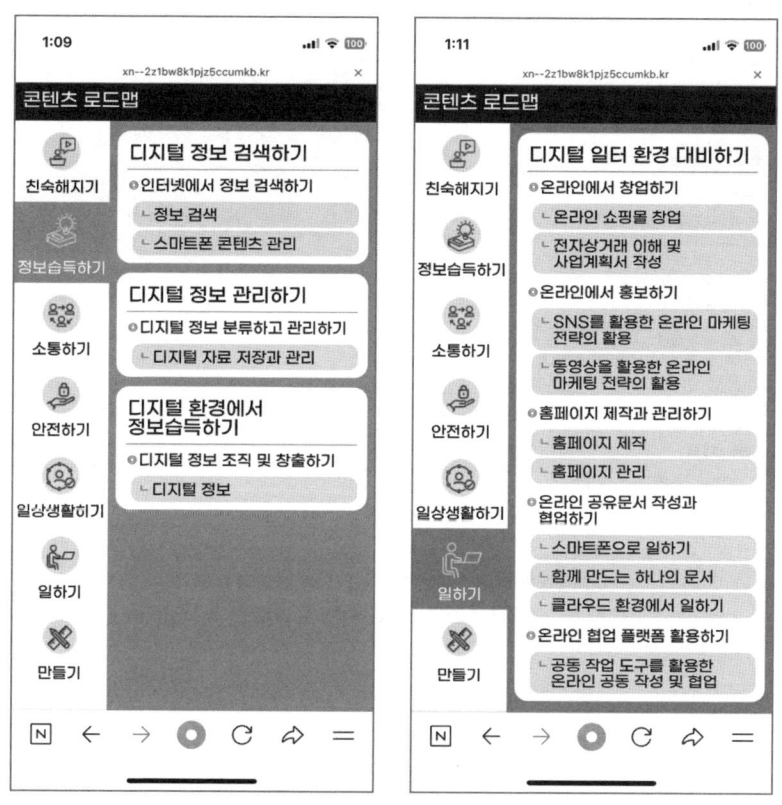

디지털과 온라인에 관한 포괄적인 교육 프로그램 예시
(출처: 디지털배움터 콘텐츠 로드맵)

영상 화면으로 연결되며, 해당 강의를 바로 시청할 수 있다. 동영상은 한국어로 제작되어 있지만 영어, 중국어, 일본어, 베트남어의 자막도 제공되어 다양한 언어 사용자들이 함께 활용할 수 있도록 돕고 있다.

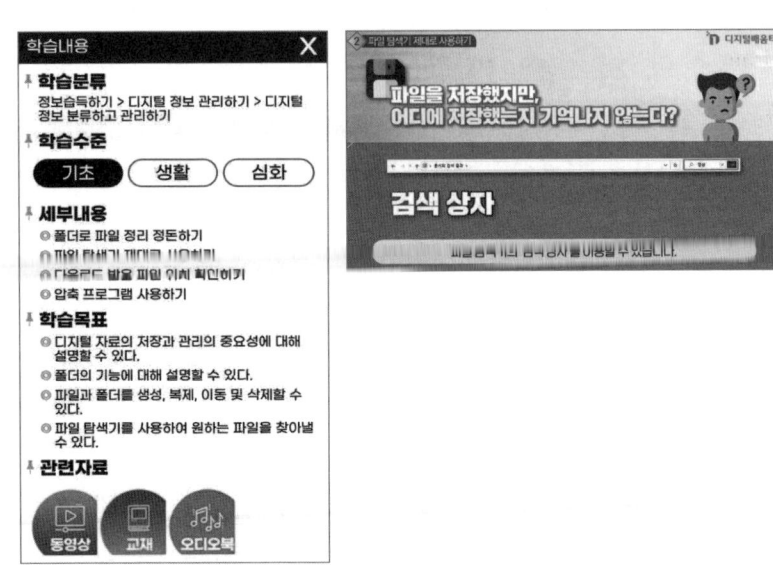

디지털배움터 교육 프로그램 내용 구성 및 동영상 예시

(출처: 디지털배움터 콘텐츠 로드맵)

2 온라인 생활

쇼핑과 금융 결제

　코로나19를 겪으며 온라인 쇼핑과 디지털 금융 서비스는 이제 많은 사람들의 일상에 없어서는 안 될 중요한 부분으로 자리잡았다. 특히 외출이 어렵거나 몸이 불편한 경우에 온라인 쇼핑은 생활의 큰 도움이 된다. 언제 어디서든, 내가 원할 때 물건을 사고, 집 앞까지 배송을 받을 수 있으니 정말 편리하다.

　어디 그 뿐인가. 온라인 쇼핑의 또 다른 장점은 제품의 가격과 사양을 쉽게 비교할 수 있다는 점이다. 상점 여러 곳을 직접 돌아다닐 필요 없이, 클릭 몇 번으로 나에게 가장 적합한 상품을 찾을 수 있다. 날씨가 험한 날이나 무거운 물건을 살 때도 걱정할 필요가 없다. 이제 쿠팡의 '로켓배송'처럼 당일 또는 익일에 배송 받을 수 있는 서비스도 많아졌다. 한 중장년 이용자는 "'내일 아침에 쓸 국거리 소고기부터 감자, 토마토, 대추 같은 것도 다 쿠팡에서 산다. … 거의 매일 온라인으로 장 보고 하루에 몇 번씩 주문할 때도 있다"고 말했다.[7]

---

[7] '전통시장 가는 어르신 세대?... 영시니어 "걷느니 쿠팡한다"', 〈중앙일보〉, 2024.05.21.

온라인 쇼핑이 얼마나 일상 깊숙이 들어와 있는지를 잘 보여주는 예이다.

실제로 서울시50플러스재단이 발표한 '2024 서울시 중장년의 소비 및 정보 활용 트렌드 분석' 자료에 따르면 중장년층(40~64세)의 온라인 쇼핑 소비가 해마다 눈에 띄게 늘어나고 있다. 특히 60대 초반의 온라인 소비 증가율은 무려 140%를 넘었다고 한다.

이런 흐름에 맞춰 여러 온라인 쇼핑 플랫폼들은 중장년층의 취향에 맞춘 서비스를 제공하고 있다. 건강·웰빙·취미 중심의 테마관을 만들어, 건강 보조 식품, 홈트레이닝 기구, 취미 용품, 기능성 신발 등 중장년층이 자주 찾는 상품들을 한눈에 볼 수 있게 도와준다. 바쁜 일상에서도 필요한 물건을 빠르게 찾을 수 있으니, 쇼핑이 훨씬 수월해진다.

화면 디자인도 점점 더 사용자 친화적으로 바뀌고 있다. 복잡한 메뉴 화면 대신 깔끔하고 직관적인 디자인을 채택하고, 글자 크기나 버튼 크기를 조절할 수 있는 설정 기능도 함께 제공하고 있다. 이를 통해 누구나 쉽게 이용할 수 있게 개선되고 있다. 실시간 채팅 상담, 전화 상담, 대리 주문 서비스와 같은 다양한 방식의 고객 지원 서비스는 온라인 쇼핑 과정에서 신뢰감을 더하거나 편리하게 쇼핑을 할 수 있도록 돕는다.

하지만 편리함만큼이나 중요한 건 안전이다. 온라인에서 쇼핑할 때에는 개인 정보 유출이나 사기를 조심해야 한다.[8] 우선 잘 알려진 온라인 쇼핑 웹사이트를 이용하는 것이 중요하다. 네이버쇼핑, 쿠팡, 11번가, G마켓과 같은 플랫폼은 많은 사람들이 이용하는 온라인 쇼핑 사이트다. 이들 웹사이트에서는 간편한 검색, 손쉬운 결제와 신속한 배송 서비스를 제공하며, 다양한 상품을 비교할 수 있는 기능도 제공한다. 너무 값이 싸서 의심스러운 상품은 피하고, 다른 사람들의 리뷰를 꼼꼼히 살펴보는 것도 좋은 방법이다.

결제할 때는 '카카오페이', '네이버페이' 같은 간편 결제 시스템을 활용하면 공인인증서나 복잡한 절차 없이 쉽고 빠르게 처리할 수 있다. 결제 과정에서 이중 인증 기능도 함께 사용하면 보안을 더 강화할 수 있으며 개인 정보 유출의 위험을 줄일 수 있다. 그리고 제품 구매 후에는 전자 영수증을 확인하고 스마트폰이나 컴퓨터 등에 저장해 둔다. 정기적으로 내 신용카드나 계좌 사용 내역을 확인하여 내가 결제하지 않은 금액이 빠져나간 건 없는지 살피는 습관이 필요하다.

한편, 모바일 뱅킹이나 은행 공인인증서 등의 비밀번호를 설정할 때는 다른 사람들이 추측하기 힘든 비밀번호를 사용하는 것이 좋다. 숫자, 영어 대문자와 소문자, 특수기호를 섞어 다른 사람이 쉽게 알

---

8 '시니어 리터러시, 온라인 쇼핑의 기술', 〈Tistory〉, 2024.04.25.

아낼 수 없도록 만들어야 한다. 이렇게 몇 가지 기본적인 원칙만 지켜도 훨씬 더 안심하고 온라인 쇼핑과 금융 서비스를 즐길 수 있다.

엔터테인먼트와 커뮤니케이션

한국리서치와 모바일인덱스 조사에 따르면, 55세 이상 중 60% 이상이 주 4일 이상 동영상을 시청하고 있다고 한다. 유튜브 앱 사용 시간도 2030세대 못지않게 길어, 중장년층의 콘텐츠 소비가 매우 활발하다는 것을 보여준다. 예를 들어, 유튜브 채널 '시니어전성시대'는 시니어를 위한 채널을 넘어서, 인생 2막을 준비하거나 즐기는 다양한 세대의 관심을 끌며 2024년 9월 기준 구독자 수 100만 명을 돌파했다.

또한, 50~79세 1,000명을 대상으로 '스마트폰에서 지울 수 없는 앱'이 무엇인지 물어본 조사에서는, 금융 앱뿐 아니라 유튜브, 네이버, 카카오톡과 같은 소셜미디어와 메신저 앱이 많이 언급되었다(다음 그림 참조). 이러한 앱들이 중요한 이유는, 재미, 자기 표현, 정보 교환, 소통이라는 측면에서 큰 역할을 하기 때문이다.

50~79세가 자신의 폰에서 삭제할 수 없는 앱(1,000명의 주관식 응답)[9]

그중에서도 카카오톡은 한국인들이 가장 많이, 가장 자주 사용하는 앱[10]으로, 사용이 간편하고 기능이 다양하다. 채팅과 영상통화는 물론이고, 수많은 캐릭터를 활용한 이모티콘을 통해 감정을 재미있고 독특하게 표현할 수 있다. 오픈채팅 기능을 이용하면 같은 관심사를 가진 사람들과 쉽게 소통할 수 있고, 카카오톡 채널을 통해 뉴스, 쇼핑, 건강 정보 등 유용한 정보를 실시간으로 받아볼 수도 있다.

카카오톡 외에도 줌Zoom, 구글 미트Google Meet, 애플의 페이스타임Face Time처럼 실시간 영상통화를 지원하는 앱은, 떨어져 있는 가족이나

---

[9] '쇼핑부터 팬덤까지, '액티브 시니어' 라이프스타일 살펴보기', Opensurvey Dataspace, 2023. blog.opensurvey.co.kr/article/senior-2023-2/

[10] '한국인이 가장 많이, 오래, 자주 사용하는 앱', wiseapp.retail, 2024.12.17. www.wiseapp.co.kr/insight/detail/613

친구들과도 얼굴을 보며 대화할 수 있게 해준다. 특히 이들 세 가지 앱은 세계적으로 널리 사용되기 때문에 해외에 있는 사람들과 통화나 회의를 할 때도 유용하다.

페이스북Facebook과 인스타그램Instagram은 사진이나 글을 공유하며 쉽게 소식을 전하고 소통할 수 있는 대표적인 소셜미디어이다. 페이스북에서는 친구들과의 근황을 공유하고, 다양한 주제의 그룹에 참여하여 깊이 있는 소통이 가능하다. 오랫동안 연락이 끊겼던 친구들과 다시 연결되는 계기가 되기도 한다. 이에 반해 인스타그램은 이미지 중심의 플랫폼으로, 여행, 음식, 반려동물 등 일상의 순간을 시각적으로 기록하고 공유하며 자신의 개성과 감성을 표현할 수 있는 공간이다.

이처럼 카카오톡, 줌, 페이스북, 인스타그램 등은 단순한 커뮤니케이션 도구를 넘어, 새로운 관계를 만들고 지식을 나누는 장이 되어준다. 특히 관심사가 비슷한 사람들과 모이는 온라인 커뮤니티 활동은 삶에 활력을 더하는 중요한 계기가 된다. 우리나라에서는 네이버 카페와 다음 카페 같은 플랫폼도 활발히 운영되고 있다. 온라인에서의 만남은 종종 오프라인 만남으로 확장되어, 오프라인에서의 생활도 더 풍요로워질 수 있다. 실제로 코로나19 팬데믹 기간 동안 많은 사람들이 이러한 온라인 도구들을 배우고 활용하면서, 소셜미디어 사용이 급격히 늘어났다. 이는 곧, 사회적 고립을 피하고, 가족, 친구들과 계속 연결 소통하기 위해 디지털 커뮤니케이션 도구의 사용이 점점 더 중요해졌다는 의미이기도 하다.

디지털 시민성: 품격있는 온라인 생활

시민으로서의 태도는 오프라인뿐만 아니라 온라인에서도 중요하다. 디지털 시민성이란 디지털 공간에서 책임감 있고 바람직하게 참여할 수 있는 능력을 뜻한다.[11] 인터넷이 우리 생활의 중요한 일부가 된 만큼, 디지털 시민성은 웰에이징을 위해 반드시 갖추어야 할 역량이라고 할 수 있다.

디지털 시민성은 온라인 상에서 소통하는 태도와 자세를 중요하게 포함한다. 예를 들어, 댓글을 달거나 의견을 나눌 때 상대방을 배려하는 표현을 써야 한다. 온라인에서는 말투나 표정 없이 글로만 전달되기 때문에, 더욱 신중하고 따뜻한 표현이 필요하다. 또한, 유익한 정보를 나누거나 응원의 메시지를 남기는 것도 디지털 공간에서 서로를 북돋는 좋은 방법이 된다.

디지털 시민성의 또다른 중요 요소는 가짜 뉴스나 허위 정보를 가려내는 능력이다. 하지만 진위를 구분하는 일은 생각보다 쉽지 않

---

11 '디지털 혁명시대, 디지털 시민성의 중요성', 〈행복한교육〉 2019년 5월호.

다. 신문방송학 전문가인 김서중 교수는 한 인터뷰에서 자신도 경제나 다른 분야에 관한 가짜 뉴스를 보면 사실 여부를 판단하기가 쉽지 않다고 말한 바 있다.[12] 그는 독자들이 전달받은 뉴스나 정보가 자신에게 큰 영향을 미치는 내용인지를 판단하여 그렇다고 할 경우에는 더욱 꼼꼼하게 확인해 보아야 한다고 조언하였다.

미국 펜실베니아대학교의 아넨버그 정책연구소가 만든 FactCheck.org 사이트에는 온라인에서 가짜 뉴스와 허위 정보를 구별하는 방법으로 다음을 제안한다.

- **출처를 확인하라**: 누가 작성했는지, 누가 퍼뜨린 정보인지 확인할 필요가 있다. 특히 물건이나 서비스를 팔기 위한 글이라면 사실과 다를 가능성이 높다. 인터넷 상의 뉴스에도 작성자 성명과 이메일 주소(혹은 프로필이나 소셜 미디어 정보) 등이 있어야 하는데, 이러한 정보가 빠져 있다면 그 뉴스는 허위일 가능성이 크다.
- **근거를 살펴보라**: 글에 쓰여진 주장을 뒷받침할 정보나 증거가 제시되어 있는지 살펴보아야 한다. 예를 들면 관련 기사, 출판된 연구물 등이 근거 자료가 될 수 있는데, 이런 것들이 언

---

12 '가짜 뉴스를 구별하는 7가지 기준', 〈주간경향〉 제1298호, 2018.10.22.

급되고 링크가 걸려져 있는지 확인할 필요가 있다. 그리고 그러한 자료가 얼마나 신뢰할 만한지도 확인해야 한다.

- **사실과 의견을 구분하라**: 글이 사실을 담고 있는 것인지 아니면 글쓴이의 주장과 견해를 담고 있는 것인지 구분해야 한다. 글쓴이가 자신의 생각을 담아 글을 쓰는 것은 표현의 자유겠지만, 내가 필요로 하는 것이 사실에 입각한 정보라면 글쓴이의 생각에 토대를 두고 쓰여진 글은 구분하여 접할 필요가 있다. 그 글이 글쓴이의 편협한 시각을 담고 있다면 더욱 주의해야 한다.

- **전문가에게 물어보라**: 가능하다면 관련 분야 전문가에게 직접 문의를 해서 사실을 확인하는 것이 좋다. 어렵다면, 인터넷 검색을 통해 관련 분야 다른 전문가들은 어떤 입장인지 찾아보는 것도 도움이 된다.

이러한 방법들이 처음엔 복잡하고 까다로워 보일 수 있지만, 다행히 디지털 시민성은 나이에 상관없이 평생 동안 배워나갈 수 있는 능력이다. 요즘의 웰에이징은 디지털 공간에서도 당당하고 품격 있게 살아가는 것을 중요하게 포함한다. 디지털 시민성을 갖춘 사람은 온라인에서도 다른 사람들과 따뜻하게 교감하고, 세대 간 소통도 활발히 이어가며 더욱 풍요로운 삶을 만들어갈 수 있다.

3 디지털로 창작하고 참여하기

디지털 기술 덕분에 우리는 이제 창작 활동을 훨씬 더 쉽고 즐겁게 한 수 있게 되었다. 직접 만든 글, 그림, 음악, 영상 등을 온라인에서 다른 사람들과 나누며, 삶의 보람과 기쁨을 느낄 수 있는 시대가 열린 것이다.

먼저 글쓰기를 살펴보자. 네이버 블로그, 티스토리, 브런치와 같은 **블로깅 플랫폼**은 자신의 이야기를 정리하고 세상과 나눌 수 있는 공간을 제공한다. 일상 속 단상이나 여행 이야기, 요리 레시피나 생활 팁 등 다양한 주제를 자유롭게 글로 풀어내며, 이를 통해 더 많은 사람들과 소통할 수 있다. 글을 좀 더 본격적으로 써 보고 싶다면, '작가와'와 같은 **전자책 출판 플랫폼**을 활용해볼 수도 있다. 회원 가입 후 글을 올리고 편집해 전자책으로 만들거나 종이책으로 인쇄할 수도 있으며, 다른 작가들과 교류할 수 있는 기회도 생긴다. 예전에는 전문 작가만 가능하다고 여겨졌던 출판이라는 기회가 이제는 누구에게나 열린 문이 되었다.

그런가 하면 **음악 창작**도 더 이상 전문 음악가의 영역만은 아니다. 가라지밴드GarageBand, 크롬 송메이커Chrome Songmaker, 밴드랩Bandlab, 스튜디오원Studio One과 같은 앱을 사용하면 악기를 연주할 줄 몰라도 누구나 작곡하고 녹음하며 음악을 만들어볼 수 있다. 그리고 스마트폰이나 태블릿 하나로 다양한 악기 소리를 내고, 혼자서도 밴드처럼 음악을 만들 수 있다. 악기 연주나 창작에 대한 부담 없이, 즐기며 배울 수 있는 것이 큰 장점이다.

요즘에는 생성형 **AI를 활용**한 콘텐츠 제작도 눈에 띈다. 글쓰기는 챗GPT, 이미지는 달리3DALL·E3, 미드저니Midjourney, 파이어 플라이Adobe Firefly, 음악은 수노Suno, 유디오Udio, 사운드로우Soundraw, 영상 편집은 캔바Canva, 픽토리Pictory, 브루Vrew 등을 이용해 쉽게 시도해 볼 수 있다. 여러 도구들을 직접 체험해 보고 자신에게 맞는 것들을 골라 익숙해지면, 온라인에서 자신만의 콘텐츠를 운영하고 꾸려 나가는 데 큰 도움이 된다.

디지털 기술을 활용한 창작 활동 중 요즘 가장 인기 있는 분야는 단연 유튜브 동영상 제작이다. 중장년층은 살아오며 쌓아온 경험과 노하우가 많기 때문에 이를 영상으로 풀어내는 것은 큰 의미가 있다. 우리는 흔히 자신이 평범하다고 생각하지만, 실제로는 삶의 다양한 이야기를 품고 있는 사람들이다. 그 이야기는 누군가에게는 귀감이 되고, 또 누군가에게는 위로가 될 수 있다. 이에 더해 개개인이 갖고 있는 솔직하고 독특한 매력이 시청자들을 사로잡는 경우도 많다. 예를 들어, '영원씨01seeTV'의 김영원 할머니는 먹방 영상으로 많은 사람들의 사랑을 받았다. 하지만 억지로 많은 양을 먹는 자극적인 방식이 아니라, 자신이 먹고 싶은 만큼만 먹고 솔직한 감상을 들려주는 모습이 오히려 시청자들에게 정감과 공감을 준다. 자신의 앞에 놓인 다양한 불량식품을 하나씩 맛보면서 "이거 맛이 하나도 없다", "비닐을 도대체 어떻게 뜯어야 해?" 같은 가감없는 말이 사람들의 마음을 새로집는다.

이제는 단순히 영상 속 주인공이 되는 것에서 나아가, 기획, 촬영, 편집까지 모두 직접 해내는 이른바 '1인 크리에이터'들이 점점 많아지고 있다. 이들이 만드는 콘텐츠는 보통 라이프스타일 공유, 세대 간 소통, 지식과 정보 제공, 그리고 유쾌한 재미 제공이라는 네 가지 형태로 나타난다. 은퇴 후 부부가 캠핑을 다니거나, 60대에 어학연수를 떠나는 등 기존의 고정관념을 깨는 삶의 모습을 영상으로 담아내기도 한다.

중장년층을 위한 콘텐츠 크리에이터 교육도 다양하게 열리고 있다. 국립중앙도서관, 각 지역의 50플러스센터, 디지털 일자리센터, 기업 등에서 스마트폰 영상 촬영법, 유튜브 운영 방법, 콘텐츠 기획과 마케팅 전략 등을 배울 수 있는 프로그램을 운영하고 있다. 예를 들어, 강동50플러스센터에서는 '50+ 디지털드로잉 & 굿즈 상품 디자인' 프로그램이 진행되었는데, 태블릿으로 그림을 그리는 법, AI를 활용한 이미지 제작, 머그컵·티셔츠·엽서 등의 굿즈 디자인 등 다채로운 활동을 섭렵한다. 수업을 통해 직접 만든 작품을 바탕으로 소규모 창업이나 커뮤니티 활동을 이어가는 사례도 점점 늘고 있다.

참고할 만한 책도 많다. 예를 들어 '(쉽게 배우고 생활에 바로 쓰는) 시니어 유튜브 크리에이터'는 컴퓨터에 익숙하지 않은 사람도 하나씩 따라하며 배울 수 있도록 구성되어 있다. 이 책 안에 있는 QR 코드를 찍으면 영상으로 강의를 들을 수 있고, QR 사용법도 책 안에 잘 설명되어 있어 누구나 쉽게 접근할 수 있다.

유튜브 PD라는 새로운 직업으로 제2의 인생을 시작한 사례도 있다. 광고 회사에서 20년간 일한 뒤 은퇴한 지성현 씨는 유튜브 영상을 만들고 PD 역할을 하며, 시니어들의 콘텐츠 제작을 돕는 일에 나섰다. 두 명의 시니어 유튜버를 발굴하여 채널 당 구독자 수를 1만 명, 5천 명까지 올릴 정도로 성공시켰다. 그러나 그 길이 쉽지 만은 않았다. 유튜브 PD 일을 하기 전에 본인에게 직접 유튜브 채널을 만들어 달라는 요청이 왔을 때, 영상 촬영부터 편집, 업로드, 채널 운영까지 모두 본인이 담당해야 하는 사실이 힘들었다고 한다. 특히 영상 편집은 상당히 어려웠는데, 결국 딸에게서 배우며 매일 열심히 익히니까 눈에 띄게 실력이 늘었다고 한다. 처음으로 발굴한 유튜버는 그림 작가였고, 두 번째는 린넨으로 옷을 만드는 시니어였다. 지성현 씨는 빠르게 변하는 유튜브 환경에 적응하기 위해 끊임없이 배우고 연구한다.

지성현 씨는 말한다. 유튜브가 "무언가를 상상하면 뭐든 이뤄낼 수 있는 곳"이며 마음만 먹으면 원하는 내용으로 콘텐츠를 만들고 사람들에게 쉽게 보여줄 수 있는 무한한 가능성이 있는 곳이라고. 그래서 그는 유튜브를 "꿈의 공장"이라고 부른다.

디지털 콘텐츠 창작은 이제 더 이상 젊은 세대만의 전유물이 아니다. 도전하고 싶은 마음만 있다면, 누구나 자신만의 콘텐츠를 만들고 세상과 소통할 수 있는 길이 열려 있다. 창작을 통해 인생의 새로운 재미와 성취감을 발견해 보는 것도, 멋진 중년 이후의 삶을 여는 방법이 될 수 있다. 스마트폰 하나로도 시작할 수 있는 디지털 콘텐츠 창작, 이제는 중장년층도 망설이지 않고 도전해 볼 수 있는 시대이다.

💬 오늘부터 한 가지

휴대폰으로 나를 주인공으로 한 15초짜리 동영상을 하나 만들어 보자.

카메라 앞에 선다는 건 조금 어색할 수도 있지만,

내 모습, 내 목소리, 내 이야기를 스스로 담아본다는 건

디지털 세계에서 나를 표현하는 첫걸음이 될 수 있다.

이런 영상을 직접 만들어 보는 경험은

디지털과 더 친해지고, 나 자신과도 더 가까워지는

새로운 시작이 되어 줄 것이다.

🌐 참고할 만한 사이트

- 디지털배움터

  www.디지털배움터.kr

- 디지털배움터 유튜브 채널

  www.youtube.com/@k-dcc

- 온라인 강의 플랫폼

  kmooc.kr

- 학점은행제

  www.cb.or.kr/creditbank/

- 오디오 방송 앱 '팟빵'

  www.podbbang.com

돛을
펼쳐
나아가다

06

문화예술,
나만의 호흡으로

성인이 된 이후에는 교육을 받을 수 있는 기회가 사실상 줄어들고 있다. 그러나 전 생애주기별로 평생교육의 차원에서 누구나 학습에 대한 욕구가 있기 마련이다. 단순히 인문학을 통해서 머리를 깨우치는 것에서 나아가 문화예술 교육을 통한 경험과 체험으로 이성적이며, 합리적인 행위를 실천해 나가는 것이 필요하다.

임미혜, 서울문화재단 예술교육팀장의 인터뷰 글, <오마이뉴스>, 2015.05.29

    나이 든다고 하면 몸도 약해지고 마음도 점점 의존적으로 변해가는 모습을 떠올리곤 했다. 하지만 요즘은 달라지고 있다. 앞으로 펼쳐질 우리의 인생은 새로운 가능성을 찾아가며 배의 돛을 펼쳐가는 모습으로 기대되기 때문이다. 이 가운데 문화예술과 함께하는 삶은 마치 무채색이던 인생의 도화지에 따스한 봄빛이 번져나가듯, 마음 두근거리게 하고 삶에 새로운 생기를 불어넣는 열쇠가 되어줄 것이다.

이번 장에서는 문화예술이 우리 삶에 왜 필요한지, 어떤 의미를 지니고 어떤 변화를 끌어낼 수 있는지 살펴보고자 한다. 아울러 문화예술의 다양한 교육과 활동 사례, 국내외에서 이루어지고 있는 흥미로운 시도들을 통해 앞으로의 삶을 더 생동감있게 그려갈 수 있는 방법을 함께 모색해 보려 한다.

1 나이 들수록 필요한 이유, 문화예술이 주는 힘

젊은 시절에는 문화와 예술 분야를 접할 기회가 많지 않았고 생계나 가사에 치여 충분히 누리지 못하고 살아왔다. 점차 시간적 여유가 생기면서 이런 쪽에 경험을 하고는 싶은데 문제는 어디서부터 어떻게 시작해야 할지 모른다는 것이다. 스스로 '나는 예술적 재능이 없으니 못 할거야' 또는 '나이가 이미 들대로 들어 무엇인가 시작하기엔 너무 늦었어'라며 한계를 정하기도 한다.

그러나 우리가 학교 다니던 시절 정해진 수업으로 접했던 음악과 미술 시간을 생각하면 그리 어려운 것은 아니다. 중요한 것은 재능이나 시간의 문제가 아니라 활동 과정에서 느끼는 즐거움과 성취감이기 때문이다. 그림을 그릴 때 꼭 전문 화가처럼 뛰어나야 되나? 음악을 연주하거나 글을 쓸 때도 마찬가지이다. 평생 한 번도 그림을 그려본 적 없는 사람이 미술 수업에서 자신의 이야기를 작품으로 만들어 보거나, 어설프지만 연극 배우로서 또는 연출을 처음 해보면서 삶의 에너지를 되찾는 경우도 많다. 이러한 '창의적 나이 듦creative aging'이 우리 인생에 활력과 생기를 제공해 준다.

창의적 나이 듦creative aging은 예술을 통해 새로운 것을 성취하고 창조하며 성장하는 삶의 방식을 말한다. 단순히 현재에 머무르지 않고 과거의 경험을 예술로 풀어 내며 미래에 대한 기대감을 갖는 활동이다.[1] 실제 문화예술 교육에 참여하는 사람들의 경험을 보면 남은 인생을 보람되고 즐겁게 살고 싶어 하며 참여 자체를 중요하게 생각하는 것으로 나타난다.[2] 참여 속에서 배워가는 과정 자체가 정신과 신체 건강에 긍정적이라는 점에서[3] 수동적 나이 듦에서 창의적 나이

---

1 박나래·박지현, '통합예술교육을 통한 크리에이티브 에이징 효과 모델 연구', 〈문화예술교육연구〉 19(1), 2024.
2 이양희, '문화예술교육 프로그램 참여 노인의 창의적인 노화 경험에 관한 연구', 〈수산해양교육연구〉 32(5), 2020.
3 Cohen, G., "Research on creativity and aging", *Journal of the American society on aging*, 2006.

듦으로의 인식과 행동의 전환이 필요하다.[4]

그럼 문화예술 활동은 우리에게 어떤 도움이 될까? 몇 가지로 정리해 보면 다음과 같다. 우선 **두뇌 기능 활성화**에 도움이 된다. 우리의 뇌는 사용하지 않으면 퇴화될 수 밖에 없는데 창의적 활동은 뇌의 신경가소성을 촉신하여 새로운 연결을 만들어낸다. 신경가소성은 나이가 들어서도 뇌가 새로운 연결을 형성하고 재구성할 수 있는 능력을 의미한다. 즉 문화예술 활동은 우리 뇌에 지속적인 자극을 주어 노화로 인한 인지 저하를 늦추고 뇌 건강을 유지하고 개선하는 데 기여한다는 것이다.[5] 예술작품을 창작하거나 감상하는 과정에서도 뇌는 끊임없이 재구성되며 활력을 얻는데, 60세가 넘어 예술 활동을 시작한 사람들의 경우 실제 집중력과 기억력이 향상되고 몰입하는 동안 의식이 확장되는 경험을 했다고 한다.

다음은 **심리적 안정**을 준다. 문화예술 활동은 은퇴나 자녀 독립 후 느끼는 심리적 공허를 극복하는 강력한 도구가 된다. 새로운 기술을 배우고 창작물을 완성하는 과정에서 자신감이 생기면서 '여전히 성장하고 있다'는 확신을 가지는 경험을 한다. 전시회 관람이나 문화 체험에 직접 참여함으로써 활력과 웃음을 찾고 마음의 평온을 얻는

---

4 탁지현, '크리에이티브 에이징의 관점에서 본 문화예술교육의 방향성', 〈한국무용교육학회지〉 30(4), 2019.

5 Bagan, B., 'Aging: What's art got to do with it?', Today'sGeriatricMedicine.com(https://www.todaysgeriatricmedicine.com/news/ex_082809_03.shtml). 2024.11.28 발췌.

다고 얘기하는 사람들이 많다. 실제 댄스를 통한 치료적 개입이 건강과 관련된 심리적 결과에 영향을 미치고[6] 다양한 문화예술과 스포츠 활동에 참여한 집단은 그렇지 않은 집단보다 행복 수준이 높게 나타난다.[7]

문화예술 활동은 **사회적 연결**을 가능하게 한다. 앞서 사회적 건강 측면에서 관계의 중요성에 대해 살펴보았다. 문화예술 활동은 관계가 축소되기 쉬운 나이에 새로운 연결을 만드는 계기가 된다. 합창단이나 연극 동아리, 미술 워크숍 등에 참여하고 사람들을 만나 공통의 관심사를 나누면서 새로운 소속감을 느낀다. 사람들과 교류하고 새로운 친구를 만들면서 고립감과 외로움은 사라진다. 실제 활동에 활발히 참여하는 사람들은 외로울 시간이 없다는 말을 하곤 한다.

궁극적으로 문화예술 활동은 나만의 방식으로 삶을 표현하고 현재의 자신을 받아들이며 나아가 미래에 대한 기대감을 갖도록 돕는다. 미래에 대한 기대감, 그 자체로 설레지 않는가? 단순히 나의 성취를 넘어 주변 사람들과의 관계 속에서 행복감을 만들어낸다는 점에서 더 큰 의미를 지닌다.

---

6   Koch, S. C., Riege, R. F. F., Tisborn, K., Biondo, J., Martin, L., & Beelmann, A., "Effects of Dance Movement Therapy and Dance on Health-Related Psychological Outcomes. A Meta-Analysis Update", *Frontiers in psychology* 10, 2019.

7   윤소영·김윤경, '고령층 문화누림 분석 및 정책 방안 연구', 한국문화관광연구원, 2023.

2 나답게 즐기는 방법

문화와 예술을 이해하고, 직접 배우며, 이를 삶 속에 녹여내는 경험은 우리에게 새로운 즐거움과 성취를 알려준다. 단순히 공연을 보고 전시를 감상하는 것도 좋지만 알고 즐기면 그 재미는 배가된다. 요즘은 이런 문화예술을 제대로 이해하고 더 깊이 참여하고 싶어 하는 사람들을 위해 다양한 교육 프로그램이 제공된다. '알고 즐기기', '창의적으로 활용하기' 그리고 '표현하며 즐기기'의 3영역으로 나누어 살펴보도록 하겠다.

알고 즐기기

문화예술을 알고 즐기면 보다 깊이있고 풍성한 경험을 할 수 있다. 가장 손쉬운 접근법은 가까운 센터나 시도청 또는 문화기관을 찾아보는 것이다. 예를 들어 서울시의 경우 서울문화재단을 운영해 지원 사업과 공간운영 등 문화예술 인프라 및 생태계 조성을 위한 노력을 한다. 서울문화재단에서 제공하는 문화예술 공간 중 지역별 공연장 및 예술교육센터를 보면 즐길 수 있는 시설과 공연, 프로그램들이 소개되어 있다. 프로그램은 창작과 미술사 여행, 고전 음악

서울문화예술교육센터 용산 프로그램 및 내부 시설(서울문화재단 홈페이지)

이나 클래식 강좌 등 다양한 문화예술 영역과 주제를 포괄하고 있으니 가까이에 있는 센터를 방문해보자.

'청춘극장'이라는 문화 공간은 추억의 영화와 공연을 감상할 수 있는 프로그램을 제공하여 55세 이상이면 저렴한 비용(2~3천 원)으로 이용할 수 있다. 이 프로그램은 단순한 여가 활동을 넘어 과거의 기억을 되새기고 새로운 교류의 장이 된다. 공연 일정은 <u>서울문화포털</u> 또는 홈페이지를 통해 쉽게 확인할 수 있다.

2024년 11월 청춘극장 상영작 및 공연 프로그램(청춘극장 홈페이지)

만약 지역에서 제공하는 프로그램이 많지 않거나 정보를 찾기 어렵다면 문화포털과 문화로청춘 같은 온라인 플랫폼을 활용해 보자. 문화체육관광부에서 운영하는 문화포털은 공연, 전시, 축제 정보를 한눈에 볼 수 있도록 구성되어 있으며, 무료 강좌나 체험 프로그램 정보도 제공한다. 특히 '문화로청춘'은 시니어를 위한 문화예술 축제인 실버문화페스티벌을 포함하여 다양한 체험과 교육 기회를 소개하고 있어 유용하다.

인문360은 문화체육부와 한국문화예술위원회가 운영하는 온라인 인문 플랫폼으로 인문학 관련 콘텐츠를 제공하고 특히 중장년층을 위한 특별한 공간인 '중장년 청춘문화공간'도 운영한다. 이 중 '도서관 지혜학교'는 신중년 세대를 대상으로 성숙하고 지혜로운 인생의 모델을 구축하기 위해 기획된 프로그램이다. 인문학 강의에 관심이 있다면 거주지 근처에서 운영되는 프로그램을 찾아보는 것도 추천하다. 지역별로 쉽게 정보를 검색할 수 있으며 참여 기회는 누구에게나 열려 있다.

도서관 지혜학교 홈페이지

창의적으로 활용하기

문화와 예술을 단순히 감상하는 것을 넘어 우리의 일상에 활용할 때 또 다른 진가를 발견하게 된다. 대표적인 예로 **도슨트 교육**이 있다. 도슨트란 전시나 작품을 관람객에게 설명하며 이해를 돕는 역할을 하는 전문적인 안내인을 말한다. 국립현대미술관이나 서울시립미술관에서는 도슨트를 양성하기 위한 이론과 실무 교육 프로그램을 정기적으로 운영하고 있다. 서울노인복지센터 산하 탑골미술관은 '실버 도슨트' 프로그램을 통해 시니어들이 문화예술의 안내자로 활동할 수 있도록 돕고 있다. 유사하게 국립경주박물관 역시 도슨트 프로그램을 운영하고 양성된 도슨트들은 어린이박물관과 문화원 등에서 활동하도록 기회를 제공한다.

영화와 관련된 도슨트 활동도 주목할 만하다. 영화 도슨트는 관람객이 작품을 보다 깊이 이해할 수 있도록 해설을 제공하는 역할을 한다. 시니어 영화 동아리나 영화제와 연계된 활동으로 시작해 보면 자연스럽게 영화에 대한 전문성도 키우고 사회와 공유하는 즐거움을 누릴 수 있다.

33년 동안 국어 교사로 일했다가 현재 전북도립미술관에서 도슨트로 활동하며 제2의 인생을 찾았다는 장춘실 씨는 '할머니 도슨트로 오래오래 미술관에 있으면서 관람객들에게 기분 좋고 특별한 경험을 선물해 주고 싶다'[8]라고 하면서 행복한 이야기를 전한다. 미술관 활동은 단순한 자원봉사를 넘어 삶의 의미를 찾는 여정이 되었다.

또 다른 흥미로운 프로그램은 <u>이야기할머니사업</u>이다. 한국국학진흥원이 운영하는 이 사업은 56~74세 사이의 여성을 대상으로 이야

---

8   '시니어들의 뜨거운 도전… 도전하니 청춘이다', 〈전북일보〉, 2023.02.08.

기할머니를 선발, 양성하는 사업이다. 참여자들은 수료 후 유치원과 초등학교 저학년 학생들에게 전통 옛이야기를 들려주는 활동을 한다. 이야기할머니들은 단순한 구연을 넘어 세대 간의 문화적 가교 역할을 하며 아이들에게 소중한 전통을 전해준다. 이 과정에서 자신도 보람을 느끼고 새로운 사회적 관계를 형성하게 된다. 모든 교육과 지원이 무상으로 이루어지므로 부담없이 참여할 수 있다. 참가자 중 김애희 씨는 참여 소감을 다음과 같이 말했다.

> 이야기할머니 활동은 제가 좋아하는 일이고 존경받는 일이잖아요. 얼마나 좋아요. 사랑도 받고 아이들에 대한 첫 마음 잃지 않고 열심히 하겠습니다.[9]

중장년 멘토 프로그램도 주목할 만하다. 문화체육관광부와 한국문화예술위원회가 운영하는 인문 360 플랫폼의 일환인 인생나눔교실은 50세 이상의 중장년층이 멘토가 되어 자신의 경험과 지혜를 젊은 세대와 나누는 프로그램이다. 예술과 인문을 접목한 멘토링을 통해 참여자들은 자신의 삶의 이야기를 돌아보며 보람을 느끼고 세대 간 소통과 공감을 경험하게 된다. 인생나눔교실의 슬로건인 '함께

---

[9] 한국국학진흥원, 가을 제65호, 2024.

나누는 힘이 세상을 바꾼다'처럼 멘토로서 아름다운 세상을 만드는 데 역할을 하고 싶다면 멘토로 지원해 보는 것은 어떨까?

표현하며 즐기기

문화예술에 직접 참여하며 자신만의 이야기를 예술적 언어, 몸짓, 혹은 글로 표현하는 경험은 참여자에게 자존감과 성취감을 선사한다. '연극하는 시니어' 프로그램은 이러한 교육의 대표적인 예이다. 삼일로창고극장에서 운영하는 이 프로그램은 55세 이상을 대상으로 극작, 연출, 연기 교육 과정을 제공하여 참여자들이 직접 인생 2막 연극작품을 공연하는 기회를 가질 수 있다. 자신의 스토리와 경험으로 같은 세대의 문화를 스스로 만들어 가는 문화 창달의 역할을 하는 것이다.

온라인 콘텐츠도 문화예술 교육의 중요한 축을 담당한다. 한국문화예술교육진흥원은 다양한 <u>온라인 교육 콘텐츠</u>를 제공하여 누구나 쉽게 문화예술 활동에 참여할 수 있도록 돕는다. 예를 들어 온라인 프로그램으로 무용, 미술, 음악 등 다양한 영역에서 활동 영상을 제공하며 참여자가 혼자서도 따라할 수 있도록 구성되어 있다. 이러한 디지털 콘텐츠는 장소나 시간의 제약을 넘어 문화예술을 접할 기회를 넓혀준다. 기관 홈페이지에서 '온라인 문화예술교육 콘텐츠 활

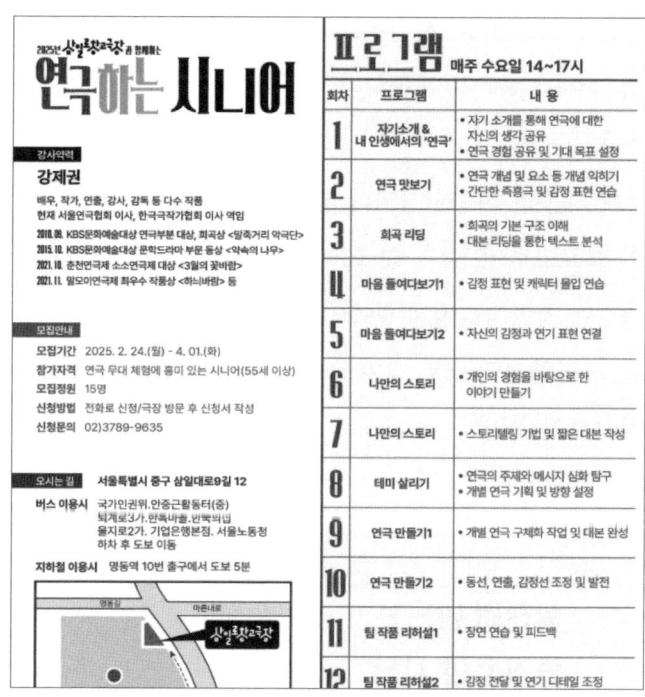

삼일로창고극장 홈페이지 '연극하는 시니어' 공고

용 가이드북'을 무료로 다운로드 받을 수 있고 이미지를 클릭하거나 QR 코드 스캔을 통해 프로그램 요약 영상과 교육 콘텐츠 영상을 쉽게 볼 수 있다.

또한 '노老창작자' 프로그램은 스마트폰이나 태블릿을 활용해 영상 제작, 작곡, 드로잉 등 창작 활동에 참여할 수 있도록 돕는다. 특히 농·산·어촌 등 문화적 접근이 어려운 지역을 대상으로 진행된

'움직이는 예술정거장' 사업은 예술가들이 문화소외지역의 사람들을 직접 찾아가 교육을 제공하며 시니어들에게 새로운 문화 경험을 선사한다.

이외에도 주변 시군구청이나 지역 문화센터에서 진행되는 다양한 교육 프로그램이 많다. 연극, 영화, 모델, 작가, 크리에이터 등의 교육 과정은 참여자들에게 활동의 폭을 넓히는 기회를 제공한다. 무료 또는 저렴한 비용으로 참여할 수 있는 과정이 많이 있으니 관심 있게 찾아보기 바란다.

3   실천이 만드는 즐거움의 시작

문화와 예술을 배우고 활용하며 참여하는 과정에서의 경험은 우리에게 새로운 즐거움과 성취를 안겨준다. 하지만 처음 시작하려면 어디서 어떻게 시작해야 할지 막막하게 느껴질 수도 있다. 이번 섹션에서는 단계별로 문화와 예술을 접하고 배우고 참여하는 방법을 소개하려고 한다. 자신의 상황과 기호에 맞게 시도해 보자.

마음이 끌리는 것부터 가볍게 시작하자

문화와 예술을 접할 때 너무 거창하거나 대단한 계획을 세우려하지 말자. 오히려 일상 속에서 가볍게 시작할 수 있는 것이 첫걸음을 내딛는데 효과적이다. 작은 관심을 행동으로 옮기는 것만으로도 새로운 세계가 열릴 수 있다. 중요한 것은 부담없이, 나만의 속도로 경험해 보는 것이다.

우선 유튜브나 여타 사이트를 통해 **부담없이 편안하게** 들을 수 있는 음악이나 미술을 접해보는 것을 추천한다. 클래식 음악에 입문하고 싶다면 초보들이 쉽게 시작할 수 있는 음악을 작곡가에 대한 설명과 함께 추천해 주는 사이트도 많다. 듣다가 좀 더 알면서 즐기고 싶다면 음악용어사전을 통해 기초적인 용어에 익숙해지는 것도 좋다. 미술 역시 입문강의나 취미로 그림그리기 등 영상 강의나 블로그도 있고 미술사에 대한 강의도 많이 제공되고 있으니 쉽게 시작해 보는 것이다.

전반적인 체험이나 참여를 위해 **온라인 플랫폼**을 활용하는 것도 추천한다. 요즘은 인터넷을 통해 다양한 문화예술 정보를 쉽게 얻을 수 있다. 앞서 소개한 **인문360**은 문화체육관광부와 한국문화예술위원회가 운영하는 온라인 인문 플랫폼으로 다양한 인문학 강의와 다큐멘터리, 글쓰기 콘텐츠 등을 무료로 제공한다. 지역 기반 플랫폼으로 서울문화포털이나 부산문화포털 다봄 등, 전국 단위의 정보를 제공하는 플랫폼 문화포털도 있어 원하는 지역과 관심 분야를 검색하여 전시나 공연, 축제 등에 참여 기회를 찾아보는 것도 좋다. 그 외 온/오프라인의 교육 과정을 정기적으로 운영하는 박물관과 문화원 등도 도움이 된다.

<u>도서관에서의 경험</u>을 시작점으로 삼아보는건 어떨까? 많은 도서관은 단순히 책을 대출하는 공간을 넘어 다양한 문화 프로그램을 운영하고 있다. 도서관에서 진행되는 '길 위의 인문학' 프로그램은 누구나 참여할 수 있는 강연과 체험을 통해 문화예술을 가까이 느낄 수 있는 기회를 제공한다. 요새는 아름답게 설계된 도서관도 많아 이들을 하나씩 찾아가며 '도서관 도장 깨기'식의 접근도 시작에 좋다. 지역 도서관에서 열리는 미술 전시나 음악 공연도 참여하기 쉬운 선택지이다. 예술의 문턱을 낮춘 이런 경험을 통해 부담없이 발을 들여놓아 보자.

셋째로 <u>소소한 체험 활동</u>을 추천한다. 가령 근처 공원에서 열리는 무료 음악회나 야외 미술 전시회를 방문해 보는 것만으로도 충분하다. 예술을 처음부터 완벽하게 이해하거나 깊이 파고들려고 할 필요는 없다. 그냥 보고 느끼고 즐기는 것만으로도 예술은 우리 일상에 스며들 수 있다. 카페에 앉아 스케치북과 연필을 들고 주변 풍경을 그려보는 것도 좋다. 그림을 꼭 잘 그릴 필요는 없다. 중요한 것은 그 과정

을 통해 자신과 주변을 새롭게 바라보는 시각을 얻는 것이다.

이 단계에서 모든 활동의 공통점은 끌림과 가벼운 시작이다. 문화와 예술은 멀리 있는 특별한 것이 아니다. 우리 가까이에 늘 존재하며, 우리가 손을 내밀 때 더 큰 즐거움으로 다가온다. 결과보다 과정을 즐기는 데 초점을 맞추자.

내 취향을 찾는 첫 걸음

끌림을 통해 문화와 예술에 대한 가벼운 시작점을 만들었다면 이제는 자신이 좀 더 탐구하고 싶은 분야를 찾아 집중해 보는 단계이다. 이 단계에서는 자신이 좀 더 좋아하거나 좀 더 흥미를 느끼는 분야를 찾아 직접적인 창작이나 체험에 도전해 보는 것이다. 완벽하지 않아도 괜찮다. 중요한 것은 새로운 경험을 통해 자신감을 얻는 것이다.

우선 나의 관심 분야를 찾는 것이다. 그림 그리거나 글쓰기가 간단히 시작할 수 있는 분야 일 것이다. 우선은 쉽게 시작하자. 그림을 그리고 싶다면 비싼 미술 도구를 구입하기 전에 간단한 스케치북과 연필만으로 집 근처 공원의 풍경이나 일상의 작은 사물을 스케치해 보는 것이다. 글쓰기는 일기를 쓰는 것으로부터 시작할 수도 있다. 오늘 나를 미소짓게 한 일 3가지와 같은 간단한 주제를 정해 짧게 적어보거나 관심 있는 주제나 영역이 있으면 정해놓고 시작하는 것도 좋다. 이런 글쓰기는 나만의 이야기를 발견하고 자신을 표현하는 기쁨을 선사한다.

근처 주민센터나 문화센터에서 운영하는 <u>체험형 프로그램에 참여하는 것</u>도 도움이 된다. 이런 활동에 참여하는 것은 자신의 감정을 예술로 표현하는 새로운 방식을 배우는 것과 같다. '나만의 머그컵 만들기', '플라워 아트', '비누 만들기' 같은 소규모 체험 활동은 예술적 성취감을 느끼기에 충분하다.

음악에 관심 있다면 <u>악기를 배우는 것</u>도 추천한다. 우쿨렐레, 리코더와 같은 간단한 악기는 누구나 짧은 시간 이내에 기본 연주를 익힐 수 있다. 악기를 배우며 잊었던 손끝의 움직임과 음악의 리듬을 느껴보자. 집중력과 성취감을 키우는 데 큰 도움이 된다. 오래 묵혀 놓았던 악기가 있다면 꺼내어 보자. 배우고 싶으면 가까운 곳에 등록하여 시작해 보는 것도 좋다. 악기가 아니더라도 자수나 캘리그라피 등 우리 주변에 소소한 문화 아이템들이 많이 있으니 적극 찾아보도록 하자. 한번 빠지면 그 시간이 너무 기다려질 것이다.

이 단계에서는 예술적 재능이 없으니 못할 것 같다는 생각은 과감히 버리자. 예술은 재능보다 참여하고자 하는 마음과 시도하는 행동에서 출발한다. 자신만의 속도로 작은 성취를 이루어가는 즐거움을 느껴보자.

같은 취향, 혼자보다는 함께

앞선 단계에서 자신의 관심사와 취향에 맞는 예술 활동을 시작했다면 이제는 다른 사람들과 **함께 배우는 기회**를 만들어 볼 차례이다. 소규모 모임이나 커뮤니티에 참여하는 것은 예술 활동을 지속할 동기를 부여하고, 다른 사람들과의 교감을 통해 새로운 즐거움을 얻을 수 있는 좋은 방법이다.

우선 어떤 **모임이나 커뮤니티**에 참여하는 것이 적절한지 생각해본다. 지역이나 비용, 내용이나 모임 주기 등을 보고 결정한다. 합창단이나 연극 동아리의 경우 지역의 복지관이나 문화센터에서 운영하는 경우도 많다. 노래를 통해 자신의 목소리를 표현하고 동료들과 화음을 맞추는 과정에서 성취감과 함께 하는 즐거움을 얻을 수 있다. 연극 동아리도 자신을 무대에서 표현하는 색다른 경험을 제공한다. 이러한 활동은 새로운 기술을 배우는 동시에 동료들과 친밀한 관계를 형성하게 하고 자신감을 얻는데 도움을 준다.

글쓰기 모임이나 **미술 워크숍**과 같은 소규모 커뮤니티에 참여하는 것도 새로운 즐거움이 된다. 예를 들어 지역 문화센터에서는 소규모 글쓰기 모임을 운영하며 참여자들이 일상적인 경험을 바탕으로 글을 쓰고 이를 공유할 수 있는 기회를 제공한다. 그림을 그리거나 도자기를 만드는 등 손을 움직이며 창의성을 발휘할 수 있는 교육 과정도 많다. 이렇게 비슷한 관심사를 가진 사람들과 어울리며 서로의 작업에 영감을 주고받는 기회를 통해 삶의 의미를 찾을 수 있다.

전문 분야 모임에 참여하는 것도 좋다. 앞서 소개한 도슨트 프로그램이 좋은 사례이다. 참여자들은 미술 작품을 연구하고 해설을 준비하는 과정에서 스스로도 미술에 대한 폭넓은 지식을 얻게 된다. 뿐만 아니라 관객들과 작품을 공유하며 생기는 교감은 도슨트 활동의 가장 큰 보람 중 하나이다. 박물관과 미술관의 도슨트 양성 과정도 좋고, 영화에 관심이 있다면 영화 도슨트 모임에도 참여해 보자. 해당 분야에서 전문성도 키우고 사회와 공유하는 즐거움을 얻을 수 있을 것이다. 기존의 모임 중에 내가 원하는 모임이 없다면 주변의 사람들을 모아 함께 할 수 있는 모임을 만들어 보는 것도 또 다른 도전이 될 수 있지 않을까?

소규모 모임이나 커뮤니티 활동은 혼자서 하는 예술 경험과는 또 다른 차원의 만족감을 준다. 함께 배우고 나누는 과정에서 얻는 소속감과 성취감은 예술 활동을 더욱 풍요롭게 만들어 준다. 타인과의 교감을 통해 자신의 가능성을 다시 한번 깨닫는 계기를 만들어 보자.

함께 나누면서 즐기기

소규모 모임과 커뮤니티를 통해 다른 사람들과의 교감과 경험을 쌓았다면 이제 스스로의 취향과 관심을 중심으로 더 많은 사람들에게 자신을 표현하고 나누는 기쁨을 나누어 보자. 이는 문화와 예술이 단순히 여가 활동을 넘어 나의 삶 속에 자리잡는 계기가 될 것이다. 이러한 과정에서 자신의 예술 활동에 대한 의미를 재발견하고 새로운 목표를 설정하는 과정에 집중한다.

우선 **전시회나 발표에 참여** 기회를 만들어 보는 것을 추천한다. 지역 복지관이나 문화센터에서 운영하는 협업형 프로그램에 참여하거나 작품 전시회나 발표하는 기회를 알아볼 수 있다. 자신이 그린 작품을 전시회에 출품하거나 글을 쓰는 경우 낭독회를 통해 청중과 소통할 수 있다. 지역 사회에 벽화를 그리거나 공공장소를 꾸미는 프로젝트가 있다면 많은 사람들과 함께 작업하면서 창작뿐 아니라 협업의 성취감을 얻을 수 있다. 앞서 소개한 '연극하는 시니어' 프로그램과 같이 공연의 시작부터 완성에 이르는 과정을 함께 하는 것은 같은 목표를 향해가는 데서 깊은 유대감을 가지게 한다.

온라인 플랫폼을 활용하여 작품을 공유하는 방법도 있다. 블로그, SNS, 유튜브와 같은 디지털 매체를 통해 자신의 작품을 세상에 알릴 수 있다. 예를 들어, 스마트폰 카메라로 주변 풍경을 촬영하거나 간단한 동영상을 만들어 보자. 처음에는 간단한 편집 앱(예를 들어, 비타VITA, 인샷Inshot 등)을 사용해 사진이나 영상을 꾸며보는 것만으로도 충분하다. 여행 중 찍은 사진을 모아 슬라이드쇼를 만들거나 가족과 함께 한 일상을 영상으로 기록하는 등 소소한 작업이 시작점이 될 수 있다. 인스타그램에 자신의 작품을 업로드하거나 유튜브에 음악 연주나 노래 부르는 영상을 올려서 다른 사람들의 피드백을 받을 수 있다. 이러한 온라인 활동은 시간과 장소의 제약 없이 다양한 사람들과 소통할 수 있는 장점을 가진다. 혼자 하기 어렵다면 가까운 곳의 시·도·구청이나 문화센터 등에서 열리는 디지털 교육 과정이나 관련 유튜브 영상을 찾아보면 도움이 된다.

지역사회와 행사 지원 활동도 의미있다. 앞서 언급한 이야기할머니 사업에 참여하여 어린이들에게 옛이야기를 들려주거나 학교와 지역 사회에서 개최하는 행사에 참여하여 자신의 예술 경험을 공유할 수 있다. 이런 기회는 창작물을 통해 사람들과 공감대를 형성하고 더 큰 성취감을 느끼게 해준다. 그 외에 지역 축제나 문화예술 행사에서 자원봉사자로 활동하거나, 워크숍의 강사로 참여하여 자신의 재능과 지식을 다른 사람들과 나눌 수도 있다. 사회에 기여하면서도 자신의 예술 활동을 더욱 발전시킬 수 있는 좋은 기회가 될 것이다.

이 단계는 문화예술활동을 발표와 나눔을 통해 더 많은 사람들과 공유하고 사회에 기여하는 과정이다. 단순히 결과물이나 성과를 알리는 것을 넘어 예술이 가진 소통의 힘을 체감하고 새로운 가능성을 발견하는 기회가 된다. 이런 기회를 통해 참여자들은 더 큰 자신감과 동기를 갖게 되고 지속 가능한 활동의 기반이 될 것이다.

💬 **오늘부터 한 가지**

이번 달의 문화예술 활동 정하기

문화예술 활동을 시작하는 가장 좋은 방법은 일상 속에서 시선 앞놓에 옮기는 것이다.

이번 달에 하고 싶은 문화예술 활동을 한 가지부터 우선 정해보자. 예를 들어 미술 전시회 관람, 연극 한 편 보기 또는 박물관 도슨트 투어 참여하기 등을 적어두고 한달 내에 실천해 보자. 가능하다면 일정도 미리 계획해 보고 같이 갈 친구에게도 연락해 보고 방문 후 감상을 간단히 기록해 보는 것도 좋다.

07

취미, 나만의 방식으로

박영하(67세, 가명)씨는 최근 사진 촬영에 푹 빠져있다. 그는 서울의 한 대학병원 방사선과를 정년 퇴직한 후 그동안 관심만 가져왔던 취미생활을 즐기기로 했다. 주말이 되면 차를 타고 도시를 떠나 지방으로 떠난다. "내가 가고 싶은 곳으로 훌쩍 떠나 찍는 사진에는 나만의 세상이 담기는 느낌이다. 사진 뒤쪽에는 촬영 날짜와 장소, 당시 느낀 감정들을 적어 놓고, 그 사진을 꺼내 볼 때 당시를 회상한다"라고 말한다.

김민찬(65세, 가명)씨는 자전거 라이딩을 즐긴다. 최근 가입한 자전거 동호회에는 김씨와 동년배인 회원이 많아 마음도 잘 통한다. 회원들과 라이딩 코스를 짜고 방문 지역의 음식도 같이 맛보면서 자전거 여행의 묘미를 한층 더 느끼고 있다. 김씨는 "건강도 챙기고 사람들도 만나 공동체를 형성하다 보니 활기가 많이 생겼다"

라고 한다.

'[백세인생] 취미생활, 건강한 노후 챙기기 한 몫', <1코노미뉴스>, 2023.06.09

당신은 어떤 취미를 가지고 있는가? 누구에게 보여주기 위한 것도 아니고, 꼭 해야 하는 것도 아닌, 시간이 나면 하고 싶고 하면 즐겁고 계속하고 싶은 취미가 있는가? 이런 질문에 '그렇다'라고 대답하는 사람은 정말 행운아이다. 실제 이런 질문을 하면 선뜻 대답하지 못하는 사람들이 많다. 왜냐하면 이제까지 해야 하는 것들로 채워진 삶을 우선하였기에 내가 정말 좋아하는 것을 찾는 것은 사치였고, 즐길 수 있는 것에 대해 생각하는 것은 낭비라고 생각했기 때문이다. 앞으로 해야 하는 것들이 점점 사라지는 때에 내 삶의 공백을 어떻게 채울 것인가에 대한 고민이 필요한 때이다.

취미라고 해서 거창할 필요는 없다. 걷는 것을 좋아하면 그것이 취미가 될 수 있다. 혼자 걷는 것도 좋지만 같이 하는 취미를 만들고 싶다면 워킹크루walking crew를 만드는 것도 방법이다. 달리기를 좋아하는 젊은 사람들이 만나 러닝크루running crew를 만들고 함께 뛰는 것처럼 말이다. 책읽기를 좋아한다면 그것 역시 취미로 좋다. 멋진 도서관을 찾아다니며 색다른 분위기와 함께 하는 책읽기도 취미로 가질 수 있다. 우리나라는 숲속도서관, 건축도서관, 한옥도서관 등

이색적이고 다양한 컨셉의 도서관을 잘 갖추고 있다. 중요한 것은 <u>나에게 적합한 취미를 찾고 즐기는 것</u>이다.

이번 장에서는 웰에이징을 위해 내가 평생 가졌던 직업이나 해야만 해서 했던 일 이상으로 더 중요할 수 있는 취미에 대해 이야기를 나눠 보고자 한다. 나이들면서 취미는 도대체 왜 필요하며 어떤 선택지가 있고 어떻게 선택해야 하는지에 대해 살펴보고자 한다. 이를 통해 앞으로 그리는 활동적 삶을 위한 취미의 중요성을 인식하고 고민하는 시간이 되기를 바란다.

1 왜 지금, 취미가 필요할까?

서울시에서 실시한 50+세대의 라이프스타일 변화를 연구한 실태 조사에 따르면, 45세 이상 서울시민의 절반가량이 노후를 취미와 여행으로 보내고 싶다고 답했다.[1] 한국보건사회연구원이 신중년[2]을 대상으로 실시한 조사에서도 '젊어서 하지 못한 취미생활을 하며 보내고 싶다'는 응답이 52.8%로 노후 희망 활동 중 1순위로 나타났다.[3] 중장년층은 분명 취미를 원하고 여유가 생긴 이후의 삶을 더 의미있게 만들고자 하는 열망이 있다.

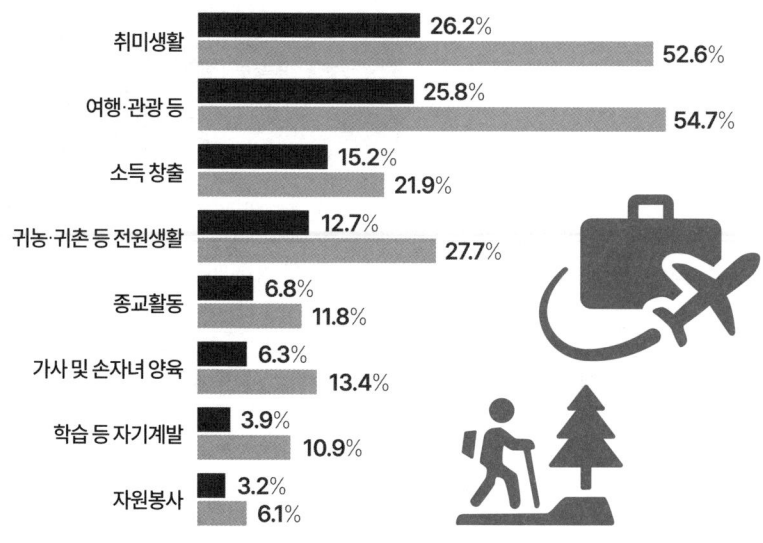

서울시 50+실태 조사 (자료: 서울시50플러스재단, 2022)

---

1 '서울시 50+세대 실태 조사 심층 분석 보고서: 50+세대 라이프스타일 유형화 분석', 서울시50플러스, 2022.
2 신중년은 고용노동부에서 2017년 처음 사용한 용어로 경제활동인구 중 가장 연령이 높은 인구 집단으로 50~64세를 일컫는다. 현재는 과거 중년보다 더 건강하고 활발하게 사회활동에 참여하며 노후를 준비하는 세대를 지칭하는 것이 일반적이다.
3 '신중년의 안정적 노후 정착 지원을 위한 생활실태 조사', 한국보건사회연구원, 2019.

하지만 현재 노년층의 삶을 돌아보면 그런 바람이 모두 실현되고 있는 것 같지는 않다. 2019년 통계청 생활 시간 조사에 따르면, 우리나라 노인들은 하루의 여가 시간 중 대부분을 TV 시청 등 미디어 이용에 쓰고 있는 것으로 나타났다. 2018 고령화 통계에 따르면 노인의 91.4%가 평일 동안 TV 시청으로 대부분의 시간을 보낸다고 답했다. 나이들어 여가 시간은 늘어나지만 그 시간을 의미있게 채우지 못하면 삶의 만족도가 낮아질 수 밖에 없다. 실제 여가생활 만족도 조사에서도 60세 이상 연령층의 만족도가 가장 낮게 나타났다.[4]

이제 스스로에게 물어볼 시점이다. 나는 나이들어 어떤 삶을 살고 싶을까? 그리고 지금 이대로라면 나 역시도 특별한 취미없이 무료하게 시간을 보내고 있지는 않을까? 우리는 오랫동안 바쁘게 살아오며 '취미'라는 단어를 삶의 우선순위에서 뒤로 미뤄두곤 했다. 그러나 웰에이징을 이야기하는 지금, 이제는 진지하게 생각해 봐야 할 것이다.

왜 우리는 취미가 필요한가. 이제 그 물음에 답하기 위해 취미가 우리 삶에 어떤 변화를 가져다 주는지 구체적으로 들여다 보자.

---

[4] 지표누리 데이터, 2023.

신체와 정신 건강의 향상

취미는 무엇보다 신체 기능을 유지하고 향상시키는데 중요한 역할을 한다. 여가를 운동으로 채운다면 당연히 움직임을 동반하게 되고 땀을 흘리면서 신신내사를 올릴 수 있고 유산소 운동을 하게 된다. 특히 신체 활동을 주목적으로 하는 취미를 가지면 정기적인 활동을 통해 기초 체력이 향상되고 나이들면서 늘어나는 통증과 노인성 질환을 예방하고 노화의 속도를 늦추는데 도움이 된다. 감속 노화를 실천하는 방법이다.

취미를 가지는 것은 두뇌 활동을 촉진하고 뇌세포를 활성화할 뿐 아니라 스트레스를 조절하고 정서적 안녕 등 정신 건강을 향상시키는 데 역시 긍정적인 역할을 한다. 실제 많은 연구에서 취미를 통해 새로운 것을 배우는 사람들의 인지 능력은 그렇지 않은 사람들에 비해 월등히 향상되었을 뿐 아니라 취미를 갖고 있는 경우 우울과 불안 등 부정적 감정은 낮고 행복감과 삶의 만족도는 높은 것으로 나타났다.

일상의 리듬 찾기

빈 둥지 시기와 퇴직 등 생애 전환기적 사건을 경험하는 과정에서 우리는 가정과 사회에서의 역할 축소 또는 상실을 경험한다. 규칙적이고 반복적인 일상으로 가능했던 시간의 구조가 사라지면서 일상의 리듬이 깨지고 일상이 파괴되는 느낌을 가지게 된다. 그러면서 고립감과 무료함, 그리고 자존감의 하락을 경험하게 되고 이것이 우리 삶의 질과 정서에 큰 영향을 미치게 된다.

취미를 가지는 것은 일상의 시간을 의미있게 구조화하기 위한 효과적인 방법이다. 정기적으로 참여할 수 있는 취미 활동은 일정한 시간표를 제공하고, 이는 규칙적인 생활 패턴을 유지하는 데 도움을 준다. 또한, 취미 활동을 통해 얻는 성취감과 즐거움은 자존감을 높이고, 일상에 활력의 리듬을 불어넣는다. 하루 하루로 채워지는 삶의 질을 향상시키고 만족스럽게 매일을 보내는 데 기여한다.

관계와 소통의 시작

나이가 들수록 자연스럽게 사람을 만나는 기회가 줄어든다. 직장 동료들과는 퇴직 후 만나기 위한 명분이 점점 희미해지고, 자녀들도 각자의 삶을 찾아 떠나게 된다. 배우자나 오랜 친구의 상실 또한 삶의 일부가 된다. 이렇게 점차 나를 둘러싼 사람들과의 연결, 즉 사회적 관계망이 축소되면서 집 밖으로 나갈 이유조차 사라졌다고 느끼게 되는 순간이 찾아온다.

이러한 관계망의 축소는 단순히 외로움에 그치지 않고 사회 참여와 자원 접근, 삶의 질 전반에 부정적인 영향을 미치게 된다. 이를 회복하고 삶의 활력을 되찾기 위한 핵심 열쇠 중 하나가 바로 '활동 참여'다.[5] 여기서 취미의 중요성을 확인할 수 있다. 취미는 공통의 관심사를 바탕으로 새로운 사람들과 자연스럽게 대화를 나누고 관계를 맺을 수 있는 기회를 제공한다. 이 과정을 통해 새로운 사회적 네트워크가 형성되고 일상 속에 다시 활기가 더해진다.

하버드 의대 성인발달 연구팀은 '좋은 인생'의 연구를 통해 행복하고 건강한 삶의 핵심 비결로 '관계'를 꼽았다.[6] 강한 사회적 유대와 친밀한 관계를 가진 사람들은 더 건강하고 행복하게 오래 사는 경향이 있으며, 반대로 고립된 사람들은 신체적, 정신적 건강이 나빠질 가능성이 크다. 취미는 단순히 여가 이상의 의미로 새로운 관계로 향하는 문을 열어주는 수단이 된다.

---

5 김정주·허선주, '중고령층의 가족관계망이 무형식 학습을 매개로 주관적 삶의 질에 미치는 영향', 〈평생학습사회〉 9(2), 2013.
6 하버드 의대 성인발달 연구팀은 1938년부터 당시 하버드대학교 2학년 학생 268명과 보스턴 빈민가에 살던 10대 후반 청소년 456명을 선정하여 무려 84년 동안 '좋은 인생'의 비결에 대해 연구해 왔다. 물론 대조적인 두 집단뿐 아니라 동일 집단에서 사람들의 삶은 나름의 모습대로 흘러갔지만, 건강하고 행복한 삶을 결정짓는 핵심 요인은 공통되었다. 그것은 돈도, 명예도, 학벌도 아닌 바로 사회적 관계였다.

삶의 의미를 더하는 소소한 계기

우리는 순간 순간 삶의 의미와 목적에 대해 생각해 보곤 한다. 나의 존재 가치는 무엇이고, 앞으로 무엇을 위해 살아야 하는지가 중요해진다. 이 과정에서 어느 정도의 방향성을 제시하는 데 취미가 그 역할을 해줄 수 있다.

인간은 자유를 갈구하지만 적절한 제한을 통해 자신의 존재를 확인받을 때 비로소 의미를 찾을 수 있다고 사회학자 에밀 뒤르켐은 말한다. 그에 따르면, 인간은 스스로의 자유를 절제하는 능력이 부족하여 외적 규율에 의해 적절히 제한되어야 하며 이를 통해 집단 구성원으로 존재감과 삶의 의미를 가지게 된다. 목적있는 취미 활동을 발굴하고 지속하는 것은 바로 스스로 외적 규율을 만들어 자신의 존재를 확인하면서 존재 의미를 찾아가는 과정이 될 수 있다.

취미를 통해 성취감을 느끼는 것은 나이가 들어도 자신의 가치를 재발견하고 한계를 확장하는 데 도움이 된다. 단순히 시간을 보내는 것을 넘어 나의 성장과 발전을 느끼고 그런 과정에서 나의 역할과 삶의 의미를 재확인하게 된다.

2 나를 위한 취미, 생각보다 많다

나를 위한 취미활동에 어떤 것들이 있을까? 시간과 금전적으로 과히 부담되지 않는 선에서 시작할 수 있는 몇 가지 취미를 팁과 함께 소개한다.

캘리그라피

캘리그라피는 손글씨를 활용해 감정을 표현하고 예술적 감각을 활용할 수 있는 취미이다. 간단한 붓펜과 연습용 종이만 있으면 시작할 수 있고 유튜브나 온라인 강의를 통해 쉽게 배울 수 있다. 캘리그라피를 배우면 친구나 가족에게 자신만의 메시지가 담긴 손글씨 카드나 포스터를 만들어 선물할 수 있고 연습하는 과정에서 몰입감을 경험함으로써 스트레스 해소와 정서적 안정에 도움이 된다. 무심히 주는 친구의 에코백에 나에게 주는 캘리그라피의 메시지가 있으면 그 감동과 함께 진정성이 몇 배로 느껴진다.

TIPs 무료로 제공되는 온라인 강좌를 활용하고 일상 속 메시지에 캘리그라피를 적용해 보자. 나만의 글씨체를 개발해 다이어리를 꾸미거나 손수 만든 카드를 친구들에게 선물하면 보람도 두배!

텃밭 가꾸기

텃밭 가꾸기는 도심 속에서도 자연과 교감할 수 있는 방법으로 소규모 공간에서도 시작할 수 있는 실용적인 취미이다. 베란다나 옥상에 작은 화분을 놓고 상추, 고추, 허브 등을 키우고 흙을 만지며 심리적 안정감을 느낄 수 있다. 스스로 재배한 채소를 식탁에 올리며 건강한 식생활까지 실천할 수 있는 것이 텃밭 가꾸기의 장점이다. 농협에서 텃밭 키트와 씨앗을 구입해 시작할 수 있어 진입 장벽이 낮은 편이다. 그러나 경험이 전무하다면 사전에 교육을 듣거나 유튜브 등을 통해 작물의 종류나 양, 방법 등을 알고 시작하는 것을 추천한다.

가까운 지역 내 도시 농업 프로그램에 참여하거나 도시 텃밭이나 주말 농장 분양을 통해서도 가능하다. 서울시의 경우 도시민도 모두 농부가 될 수 있다는 의미로 '서울도시농부 포털'을 마련하여 텃밭 분양, 농작물 키우기 강좌, 도시 농업 정책 등의 정보를 제공하고 있으니 참고하면 좋다. 더불어 IT 기술을 접목한 농업 방식인 스마트팜이 이제는 가정에서도 활용 가능한 '미니 스마트팜' 형태로 확산되고 있다. 텃밭 가꾸기의 연장선상에서, 스마트팜 역시 취미 활동으로 주목할 만하다.

서울시 50+ 서부캠퍼스 친환경 도시농부 옥상 텃밭 이야기 수강생들의 모습

> **TIPs** 작은 상추나 허브부터 키워보자. 직접 재배한 작물을 요리에 활용하여 신선함을 느껴보면 보람과 즐거움이 더해진다.

요리와 베이킹

요리와 베이킹은 언제나 손쉽게 시작할 수 있는 취미로 가족이나 가까운 사람들과 함께 즐길 수 있는 장점이 있다. 새로운 요리법을 배우며 실제 해보고 만든 요리를 주위 사람들과 나누는 것은 큰 행복을 준다. 예전에는 요리책으로만 배울 수 있는 요리법을 요새는 유튜브 강의나 검색 포털을 통해 전문가 수준으로 쉽게 얻을 수 있다. 근처 요리학원에 등록하거나 주민센터에서 제공하는 요리강좌에 참여하면 사람들과 교류하며 체계적으로 배울 수 있어 즐거움이 배가 된다. 혹여 남자가 할일이 아니라고 부엌에 들어가 본 적도 없는가? 남성을 대상으로 한 시니어 요리 교실도 인기라고 하니 한번 도전해 보기 바란다.

장흥군가족센터에서 진행한 시니어중장년 남성요리교실[7]

> **TIPs** 단순한 요리도 플레이팅(음식 담기)을 색다르게 해보자. 유튜브에서 새로운 레시피를 찾아보고 소박한 재료로도 특별한 음식을 만들어 보는 재미를 느껴보자. 익숙지 않은 외국 음식도 도전해 보면서 이색적인 문화를 음식을 통해 체험해 보는 것도 추천한다.

---

7 '2024 시니어중장년 남성요리교실 제17기 쉐프파파 종강식 성료', 다누리 지역지원센터, 2024.07.18.
https://www.liveinkorea.kr/center/board/bs/boardView.do?menuSeq=178&boardSeq=33&conSeq=458111

산책과 등산

한국인이 가장 좋아하는 취미 1위가 등산이다. 산책과 등산은 혼자서도 또는 친구나 배우자와 함께 즐기기에도 좋은 운동이다. 심폐 기능을 강화하고 자연과 함께 호흡하며 완주한 후 느끼는 성취감은 무엇과도 비교할 수 없다. 동호회에 가입하면 안전한 등산 방법을 배우고 다양한 정보를 얻을 수 있을 뿐 아니라 사람들과 교류할 기회도 얻을 수 있다.

체력과 관심에 따라 가까운 산책로에서 시작해 점차 도전적인 코스를 선택할 수 있다. 우리나라에는 전국적으로 잘 정비된 산책로뿐 아니라 서울/경기 둘레길, 100대 명산, 코리아둘레길 등이 많이 있다. 특히 코리아둘레길은 동·서·남해안 및 DMZ 접경 지역 등 우리나라의 외곽을 연결하는 걷기 여행길로 DMZ 평화의 길이 2024년 9월 마지막으로 개통함으로써 하나의 연결길로 완성되었다. 오늘이 바로 첫 시작이 될 수 있다. 오늘 1일로 해서 코리아둘레길을 완성해 가보는 것도 좋겠다.

한국관광공사의 두루누비에서 소개하는 코리아둘레길

> **TIPs** 걷다가 발견한 식물이나 경치를 사진이나 영상으로 담아와 기록으로 남기거나 일기처럼 트레킹 경험을 적어보자. 이것을 계기로 블로거가 되거나 SNS를 통한 교류가 시작될 수도 있다. 친구와 가족과 함께 하면 동기부여와 즐거움이 배가 된다.

음악 배우기

노래나 악기를 배우는 것은 뇌의 인지 기능의 활성화와 정서적 안정을 위한 훌륭한 취미이다. 노래를 가르치는 문화센터 강좌에 등록하거나 피아노나 기타 등과 같이 초보자가 쉽게 접근할 수 있는 악기로 시작할 수 있다. 악기를 연주하는 과정은 손과 뇌의 협응력을 높이고 연습으로 점차 실력을 쌓아가는 즐거움을 준다. 집에서 라디오나 음악 채널로 원하는 음악을 감상하는 것도 좋다. 좋아하는 가요나 재즈를 찾아 듣거나 관심 있는 콘서트에 주기적으로 참여하는 것도 취미로 즐기는 방법이다. 클래식 같은 경우 익숙하지 않아 진입 장벽이 높게 느껴질 수 있지만, 작곡가의 이야기를 음악과 함께 소개하는 문화센터 강좌처럼 쉽고 재미있게 시작할 수 있는 방법을 찾아보는 것도 좋다.

> **TIPs** 노래나 악기를 배운다면 자신이 좋아하는 곡을 목표로 정하고 연습해 보자. 완곡한 후 녹음해서 가까운 사람들과 공유하면 뿌듯할 것이다. 집에서 소소한 음악회를 개최하거나 클래식 강좌에서 들은 내용을 음악과 함께 가족이나 (이웃) 친구들과 공유해 보자. 나를 통해 가족들도 클래식에 입문한다면 함께 즐기고 보람될 것이다.

DIY 목/가죽공예

목공예나 가죽공예는 손으로 직접 무언가를 만들어 성취감을 느낄 수 있는 취미이다. 간단한 도구를 활용하여 나무로 소품이나 가구를 만들거나 가죽으로 벨트나 지갑, 가방, 열쇠고리 등을 만들면서 점차 실력을 키울 수 있다. 공방에서 기본 기술을 배우거나 온라인 강의를 참고하면 초보자도 어렵지 않게 시작할 수 있다. 완성된 작품은 실용적이면서도 독창적인 가치를 지니며 일상에 특별한 즐거움을 더해 줄 것이다.

대구 중장년일자리희망센터 목공 직업체험교실 참여 모습[8]

---

8 '나무의 생이야말로 이무작입니다', 〈브라보 마이 라이프〉, 2020.06.29.

> **TIPs** 실용적인 아이템, 예를 들어 책꽂이나 화분 받침, 도마 등을 제작해 보자. 온라인 커뮤니티에서 DIY 아이디어를 찾아 보고 완성 후 작품 사진을 공유해 보는 것도 즐겁다. 가까운 사람에게 줄 선물을 목표로 잡아 아이템을 만들면 받을 사람을 생각하면서 완성해 가는 과정이 더욱 즐거울 것이다.

수영

수영은 전신을 사용하는 유산소 운동으로 관절에 부담을 주지 않으면서 체력을 단련할 수 있는 완벽한 취미이다. 특히 나이들면서 관절과 근육에 무리가 가지 않는 운동이 중요한데 물속에서 하는 수영은 체중을 지탱하지 않아도 되어 관절 건강을 유지하는 데 효과적이다. 또한 심폐 기능의 강화와 스트레스 완화 및 혈액 순환을 촉진한다는 점에서 유익하다. 처음에는 지역 주민센터나 스포츠센터에서 운영하는 기초 강좌에 등록해 기본 동작을 익히면 좋다. 자유롭게 할 수 있는 수준이라면 시간과 횟수를 정해놓고 꾸준히 정기적으로 하는 것이 중요하다.

> **TIPs** 수영을 즐기기 위해 목표를 설정해 보자. 한 번에 10바퀴를 돌거나 특정 영법을 마스터하는 목표를 세우면 동기부여가 된다. 수영 동호회에 가입해 함께 연습하고 노하우를 공유하는 것도 좋다.

사진 촬영

사진 촬영은 일상 속의 특별한 순간들을 기록하며 새로운 시각으로 세상을 바라보게 하는 특별한 경험을 주는 취미이다. 우리는 특별한 순간을 기억하기 위해 사진을 찍는다. 그런데 내가 본 만큼 사진이 표현하지 못할 때 아쉬움이 많이 남곤 하는데 이럴때 사진 촬영 기술이 있다면 도움이 된다. 카메라 기능이 갖춰진 핸드폰을 가진 경우라면 초보자라도 충분히 시작할 수 있고 사진 강좌나 유튜브 튜토리얼을 통해 기본 기술을 배울 수 있다. 풍경이나 일상의 소소한 순간들을 기록하는 과정은 삶의 만족감을 높인다.

> **TIPs** 특정 테마를 정해 촬영해 보자. 같은 장소에서 계절별 변화를 기록하거나 지역별 철새들의 모습을 찍어보는 것도 좋다. SNS나 사진 커뮤니티에 공유하며 다른 사람들과 작품을 나누면 동기부여가 된다.

새로운 언어 배우기

새로운 언어를 배우는 것은 나이들어서도 특히 매력적인 취미다. 언어 학습은 두뇌를 자극하여 기억력과 집중력을 향상시키고 치매 예방에 긍정적인 영향을 미친다. 에딘버러Edinburgh대학의 연구를 통해 새로운 언어를 배우는 것은 뇌기능의 향상과 더불어 알츠하이머의 증상을 지연하는 것으로 밝혀졌다. 여행이나 외국 문화를 접할 때 현지 언어를 사용해 소통할 수 있다는 것은 실용적일 뿐 아니라 그때 느끼는 쾌감은 이루 말할 수 없다. 시작은 간단하다. 스마트폰 앱, 예를 들어 듀오링고Duolingo나 멤라이즈Memrise나 유튜브 강의를 통해 기초를 익히고 동네 도서관이나 문화센터 또는 학원에서 운영하는 언어 강좌에 참여해 실력을 키우는 것이다. 언어를 배우는 것은 단순히 단어를 암기하는 것을 넘어 새로운 사고방식과 문화를 이해하는 즐거움을 준다.

> **TIPs** 새로운 언어 배우기를 더욱 재미있게 즐기려면 관심 있는 분야와 관련된 단어와 표현부터 배워보게. 어쨰이나 음식, 음악, 스포츠 등 내가 관심 있는 분야와 연결시켜 보는 것이다. 외국 드라마나 음악을 활용해 학습하면 자연스럽게 언어와 친숙해질 수 있다. 탄뎀Tandem과 같은 언어 교환 앱을 통해 원어민과 대화하며 실전에서 연습하는 것도 추천한다.

3 독특한 취미 소개

피클볼

우리나라에서는 아직 많이 알려져 있지 않지만 미국이나 캐나다 등 북미에서는 비교적 대중적인 스포츠이자 취미이다. 피클볼은 테니스, 배드민턴, 탁구의 장점을 합쳐 놓은 레저 스포츠로, 작은 코트에서 가벼운 패들(라켓)로 공을 주고받는 방식으로 진행되는 운동이다. 실내외 모두에서 즐길 수 있고 규칙이 간단해 초보자도 쉽게 시작할 수 있다.

지역 체육센터나 동호회에서 피클볼 프로그램이 점차 늘고 있어 새로운 사람들과 함께 운동하며 사회적 관계를 확장하기에도 좋다. 무엇보다 팀을 이루어 경기하는 활동 특성상 협동과 경쟁의 재미를 동시에 경험할 수 있다. 하루 30분의 피클볼이 몸의 유연성과 집중력을 키우고 일상에 활기를 불어넣는 좋은 계기가 될 수 있다.

북아트 또는 북바인딩

북아트는 나만의 책을 직접 만들고 꾸미는 취미로, 조용한 시간을 좋아하는 이들에게 추천할 만하다. 종이의 질감을 느끼고, 실로 한 땀 한 땀 엮으며 나만의 작은 작품을 만드는 과정은 집중력과 정서적 안정을 동시에 키워준다. 북아트는 간단한 노트 만들기부터 본격적인 제본까지 단계별로 배울 수 있어 누구나 자신에게 맞는 수준에서 시작할 수 있다.

문화센터나 도서관에서 이루어지는 북바인딩 수업은 손작업을

좋아하는 사람들에게 특히 인기다. 자신만의 에세이나 여행기록을 책으로 엮는 기쁨은 삶의 이야기를 예술로 남기는 소중한 경험이 된다. 친구나 가족에게 직접 만든 책을 선물할 수도 있어 관계를 더욱 따뜻하게 이어갈 수 있다.

포켓볼

포켓볼은 집중력과 판단력을 필요로 하면서도 큰 체력 소모 없이 즐길 수 있는 실내 스포츠로 요새 중장년층에서 인기를 끌고 있다. 정적인 스포츠이지만 스트레칭과 손·눈 협응이 꾸준히 요구되어 자연스럽게 두뇌 자극에도 도움이 된다.

포켓볼은 테이블의 6개 포켓(구멍)안에 공을 넣는 스포츠로 당구 종목에 포함된다. 가까운 당구장이나 문화센터에서 기본 규칙을 배우고 나면, 동호회 활동이나 소모임을 통해 즐거운 사회적 시간을 보낼 수 있다. 특히 남녀노소 모두 함께 즐길 수 있어 부부 또는 친구와 함께 하기에도 좋고, 새로운 상황에서 전략을 세우며 게임을 풀어가는 과정이 반복되면서 재미가 더해진다.

취미로 포켓볼 즐기는 모습[9]

4 나에게 맞는 취미, 어떻게 찾을까?

취미를 가지는 것은 우리 삶에 있어 매우 중요하지만 잘못된 취미 선택은 오히려 스트레스를 유발할 수도 있다. 올바른 취미를 선택할 때 가장 중요하게 따져야 하는 것은 관심 있는 분야인지, 체력이 되는지, 그리고 경제적 부담이 크지 않는지 등이다. 즉 내가 관심 있게

---

[9] '노후 건강과 여가를 "한 큐에"… 고령자 취미로 포켓볼 인기', 〈브라보 마이 라이프〉, 2023.07.10.

참여할 수 있는 분야를 찾아야지 그렇지 않은 경우 즐거움보다 스트레스가 될 수 있으며, 취미를 즐길 수 있는 체력이 되는지 여부가 활동 참여를 결정짓는 중요한 요소가 된다. 취미 활동이 경제적으로 큰 부담이 된다면 그 취미는 지속되기 힘들 것이다. 자신의 관심이나 체력, 경제 수준에 맞춰 취미를 골라야 장기적으로 즐길 수 있다.

우선 어떤 취미가 적절한지 고민된다면 우선 내가 원하는 것이 신체적인 활동인지, 정신적인 활동인지, 혹은 학습이나 봉사와 관련된 활동인지를 구분해 보는 것이 중요하다. 취미에도 균형이 필요하기 때문에 현재 내 삶에서 원하는 것이나 부족하다고 느껴지는 영역이 무엇인지 점검한 뒤 그에 맞는 활동을 선택하는 것이 우선되어야 한다. 그 다음으로 각 활동을 통해 내가 얻고자 하는 것이 무엇인지 생각해 보자. 일반적으로 선호하고 인기있는 취미들이 있지만 그것은 어디까지나 평균적인 이야기일 수 있다. 그보다 중요한 것은 나에게 맞고 앞으로의 삶에서 즐겁고 의미있게 지속할 수 있는 활동이 무엇인지 고민해 보는 것이다.

아래 제시된 '취미 길라잡이'는 이러한 고민에 도움을 줄 수 있는 지침이다. 우선 신체, 정신, 기타 활동 중 어떤 범주에 관심이 있는지를 선택하고, 그 다음 각 영역에서 추구하는 목적에 따라 적절한 취미를 선택하면 된다. 이 분류는 취미 선택을 돕기 위한 것일 뿐으로 제시된 항목들이 반드시 명확히 구분되지 않을 수 있고, 일부는

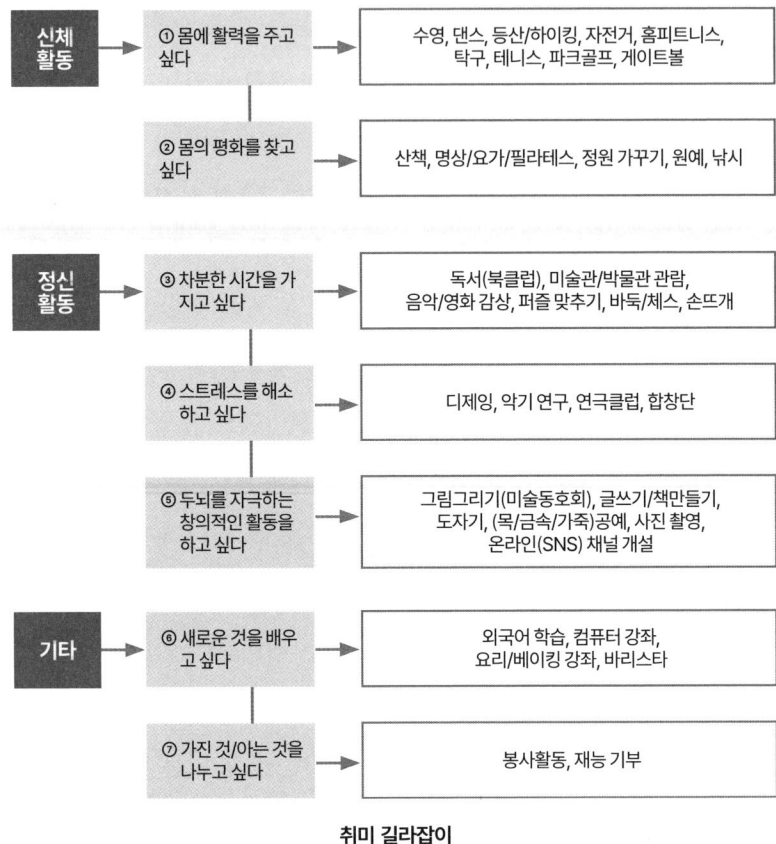

취미 길라잡이

서로 겹치기도 한다. 또한 포함되지 않은 취미도 있으니 자신에게 적합한 활동을 자유롭게 탐색하며 참고용으로 활용하기 바란다.

신체 활동: 몸을 움직이며 즐기는 취미

신체의 건강과 활력을 유지하는 데 초점을 둔 취미이다. ① **몸에 활력을 주고 싶은 경우**, 수영이나 댄스, 등산/하이킹, 자전거, 홈피트니스, 탁구, 테니스, 파크골프와 게이트볼 등이 있다. 자신의 체력 상황과 접근성, 동호회나 함께 할 멤버 등을 고려하여 가능한 활동을 선택하면 된다. 탁구는 모든 연령대가 즐길 수 있는 스포츠로 공간 제약이 적고 날씨에 영향을 받지 않아 언제든지 자유롭게 지속할 수 있는 운동이다. 볼링은 모든 수준에서 사교적이면서 우호적인 경쟁을 장려하는 취미이다. 골프에 비해 저렴하고 비교적 편하게 참여할 수 있는 파크골프도 있다.

파크골프의 경우 1998년 처음 우리나라에 소개된 이후 빠르게 활동인구가 늘어나고 있는 인기 취미이다. 4인 1조로 진행되는 골프와 비슷하지만 18홀 기준으로 1시간 30분~2시간 정도 소요되고 스윙도 골프에 비해 하프 스윙 정도이기 때문에 체력적인 부담이 적다. 현재 우리나라 전국에 파크 골프장이 160여 곳이나 있고 온라인 동호회나 협회

에 가입하여 시작하거나 지자체별로 운영되는 골프장도 있으니 가족이나 친구들과 편하게 즐길 수 있다.

② **몸의 평화를 찾고 싶다면** 산책이나 명상/요가/필라테스, 정원 가꾸기, 원예, 낚시, 역사 탐방을 추천한다. 산책의 경우 매일 같은 곳을 가는 것도 좋지만 가끔은 다른 경로를 가보거나 앞서 소개한 둘레길을 이용한 산책로를 이용하는 것도 새로움과 재미를 더할 수 있어 좋다. 특히 요가나 필라테스의 경우 시니어 대상으로 신체에 무리가 되지 않는 선에서 실버요가 또는 실버필라테스 프로그램이 운영되고 있다. 세심한 움직임을 통해 유산소와 근력 운동에 효과가 있고 이완 촉진과 더불어 전반적인 체력 증진에 도움이 된다. 규칙적으로 올바른 포즈를 배우는 것이 중요하므로 거주지 가까운 곳에서 운영되고 있는 요가나 필라테스 교육 과정을 알아보고 지속적으로 참여하는 것이 바람직하다.

정신 활동: 마음을 채우는 취미

두뇌활동을 자극하며 마음을 채우는 활동이다. 인지 기능을 유지하면서 차분한 ③ **나만의 시간을 확보하고 싶다면** 독서 또는 북클럽에 가입하거나 미술관/박물관 관람, 음악/영화 감상, 퍼즐맞추기, 바둑/체스 또는 손뜨개 등을 추천한다. 추억의 영화를 즐기고 싶다면 시니어를 위한, 시니어에 의한 시니어 전용 영화관을 찾아보는 것도 좋다. 서울 종로구에 위치한 예전의 허리우드극장을 리모델링해서 개관한 실버영화관이 대표적이다. 55세 이상이면 단돈 2천 원으로 영화를 즐길 수 있는 이곳은 세대 선호에 맞춘 영화가 올려지고 옛날 영화관의 모습을 연상시키는 간식과 분위기 등으로 영화와 공연 관람도 같이 열려 인기가 많다. 실버영화관 외에도 낭만극장(서울), 명화극장(안산), 인생극장(천안) 등 다양한 중장년층 맞춤 영화관이 운영되고 있다.

④ <u>**스트레스를 해소하고 싶다면**</u> 디제잉이나 악기 연주, 연극클럽, 합창단 등에 가입해 보는 것을 추천한다. 열정을 쏟아 활동에 참여하다 보면 스트레스가 한순간에 사라질 것이다. 디제잉 역시 나이 불문하고 가능한 영역이니 음악을 좋아하고 관심 있으면 도전해 보는 것도 좋겠다.

두뇌를 자극하는 ⑤ **창의적인 활동을 하고 싶다면** 그림을 그리거나 미술 동호회를 가입하여 함께 하는 것도 좋은 방법이다. 글쓰기를 하거나 이를 더 발전시켜 책을 만들어 보는 것도 좋고 도자기, 공예, 사진 촬영이나 유튜브나 인스타그램 등을 활용하여 관심 있는 분야에 채널을 개설하여 적극적으로 나누는 것도 좋다. 온라인 채널을 활용하여 자신의 콘텐츠를 만드는 방법은 유튜브 등 다양한 채널을 통해 가능하다. 앞서 5장에 창작 온라인 툴에 대한 자세한 소개가 있으니 참고하기 바란다.

기타: 새로운 것을 배우고 나누는 취미

⑥ <u>새로운 것을 배우는 것</u>이 취미의 시작이 될 수도 있다. 외국어나 컴퓨터, 요리/베이킹, 바리스타 등 다양한 영역을 도전하고 시도해보는 것도 추천한다. 새로운 자극이 들어오면 우리의 뇌는 활성화되고 새로이 만들어지는 신경세포는 노화를 방지한다. 와인이나 막걸리 만들기 또는 테이스팅 클럽에 참여하는 것도 좋다. 사교를 위한 분위기 속에서 새로운 것을 배울 수 있는 기회이다. 배우는 것에 나이는 장애가 될 수도 없으며, 오히려 배우는 것을 게을리하는 것이 빨리 늙는 지름길이다. 이제까지 안 하거나 못 해봤다는 이유로 새로운 것을 배우는 데 두려워하지 말자. 습관적이고 익숙한 것에 안착하지 말고 용기내어 도전해보자.

⑦ 가진 것을 또는 아는 것을 나누고 싶다면 봉사활동이나 재능기부에 참여하는 것도 좋은 취미가 될 수 있다. 여러 경로로 참여가 가능하겠지만 노인 자원봉사에 특화된 활동들을 검색하여 참여하는 것도 좋다. 자원봉사 활동은 지역사회 공헌 활동과 재능 나눔 활동, 특성화 활동 등이 있는데, 이 중 지역사회 공헌 활동은 주거 및 환경 보호, 생활 편의 지원, 안전 지도 등이 포함되고, 재능 나눔 활동에는 상담

및 안내, 교육 지도, 문화예술 및 보건의료 등이 있다. 그외에도 도움이 필요한 동물을 위해 동물 보호가로 활동하거나 비영리 단체의 지원자로 활동할 수도 있다. 다양한 영역에서 자신의 경
륜과 재능을 사회에 재투자함으로써 성취감과 함께 사회 기여에 대한 자부심과 보람을 가지게 될 것이다.

5 내 취미 찾기 7가지 힌트

취미 선택이 여전히 고민된다면 아래의 힌트를 참고해 보자. 이를 통해 나에게 맞는 취미를 찾는 데 한 걸음 더 다가갈 수 있을 것이다.

다양한 취미를 시도해 보자

나에게 맞는 취미가 무엇인지 모른다면 일단 다양한 취미를 시도해 봐야 알 수 있다. 처음부터 완벽한 취미를 찾기는 어렵다. 다양한 활동을 시도해 보면서 자신에게 맞는 것을 찾아가는 과정이 필요하다. 혹시 내가 좋아하는 취미가 있더라도 새로운 취미를 시도해 봄으로써 예상치 못한 즐거움과 성취감을 느낄 수도 있다. 독서도 좋고 그림 그리기, 가벼운 운동, 음악 감상 등을 일단 시도해 보면서 어떤 활동이 가장 즐겁고 의미있는지 탐색해 보는 것이 중요하다. 여러 취미를 경험해 본 후에 가장 마음에 드는 것을 선택하여 지속적으로 하는 것이 좋다.

친구나 가족에게 조언을 구하자

주변의 친구나 가족들에게 조언을 구하는 것은 취미 선택에 큰 도움이 된다. 그들은 여러분의 성격, 취향, 건강 상태를 잘 알고 있기 때문에 적절한 추천을 해줄 수 있다. 가족이나 친구와 함께 취미를 즐기는 것도 좋은 방법이다.

내가 좋아하던 것, 자신의 강점을 찾아서 취미와 연결해 보자

과거에 좋아했던 활동이나 자신이 잘하는 것을 취미로 발전시키는 것도 좋은 방법이다. 직장에서 했던 일이나 동아리 경험을 취미로 연결할 수 있다. 또는 아이들이 어렸을때 하다가 지속하지 못했던 활동이 있다면 그것을 다시 시작해 보는 것도 좋다. 한때 직장에서 와인이나 영화 동아리 활동을 했었다면 그것을 은퇴 후에도 취미로 활용해 볼 수 있다. 악기를 하거나 블로그에 글을 올렸다면 본격적으로 시간을 내 해보는 것도 좋다. 취미를 선택할 때는 자신의 강점을 최대한 활용할 수 있는 활동을 고려해 보는 것이 좋다.

사는 곳 주변을 활용한다

취미 활동을 꾸준히 지속하려면 접근성이 중요하다. 구청이나 시청, 주민센터, 복지센터 등에서 제공하는 다양한 취미 활동과 강좌를 활용해 보자. 가까운 곳에서 할 수 있는 취미를 선택하는 것이 좋다. 가까운 공원에서 산책을 하거나 지역 커뮤니티 센터에서 제공하는 강좌에 참여하는 것처럼 이동 시간이 짧고 쉽게 접근할 수 있는 활동을 선택하는 것이 장기적으로 지속 가능성을 높인다. 멀리 가야 하는 취미는 처음에는 흥미롭겠지만 지속적으로 하기 어려울 수 있다.

부부가 함께, 그리고 따로 할 수 있는 취미를 최소한 하나씩 가지자

부부가 함께 할 수 있는 취미와 따로 할 수 있는 취미를 모두 가지는 것이 좋다. 함께하는 취미는 부부 간의 유대감을 강화하고, 공통의 관심사를 통해 더 많은 대화를 나눌 수 있게 한다. 반면에, 각자 따로 즐길 수 있는 취미는 서로의 개인 시간을 존중하고, 각자의 성장을 도모할 수 있는 기회를 제공한다. 예를 들어, 함께 요가를 하거나 산책을 하면서, 각자 따로 글쓰기나 독서 같은 개인 취미를 즐길 수 있다.

건강 상태를 고려하자

취미를 선택할 때 자신의 건강 상태를 고려하는 것이 중요하다. 신체적인 활동을 선택할 경우, 자신의 건강과 체력을 감안하여 무리가 가지 않는 활동을 선택하는 것이 좋다. 만약 관절이 약하거나 지병이 있는 경우, 물리적 활동보다는 정신적 활동이나 창의적 활동을 선택하는 것이 더 적합할 수 있다. 건강 상태에 맞는 취미는 생활의 활력을 더해줄 수 있다.

경제적 부담을 고려하자

취미 활동은 경제적인 부담이 클 필요가 없다. 경제적 여건을 고려하여 부담 없는 취미를 선택하는 것이 중요하다. 예를 들어, 산책이나 독서, 그림 그리기 같은 저비용 취미는 경제적 부담이 적으면서 더 큰 만족감을 줄 수 있다. 처음에는 저비용으로 시작해서 필요에 따라 조금씩 투자를 늘려가는 방식도 좋은 방법이다.

💬 오늘부터 한 가지

'취미로 무엇을 해볼까?'라는 질문에 막막해질 수 있다. 앞에 소개한 '취미 길라잡이'를 활용해서 마음에 끌리는 활동 중 하나를 선택해서 시작해 보자. 그것이 바로 시작점이다.

🌐 참고할 만한 사이트

- 서울도시농부 포털사이트
  https://cityfarmer.seoul.go.kr/
- 한국관광공사 두루누비
  www.durunubi.kr
- 실버영화관
  bravosilver.org
- 낭만극장
  낭만극장.com
- 안산 명화극장
  myounghwacinema.org
- 천안의 인생극장
  천안인생극장.org

08

여행, 나만의 시선으로

"살아보니 인생은 60부터였습니다."

72세 여행작가 김원희 씨는 이렇게 잘라 말한다. 60세부터 '진짜 내 인생'을 살게 됐다는 것. 시어머니와 남편, 아들 딸 가족을 건사하며 컴퓨터 강사 일을 이어온 그가 '해방'을 선언한 계기는 아들의 결혼이었다. 서른 넘기고도 짝을 찾지 못했던 아들이 예비신부를 데려온 날, 그는 기쁨에 차 "난 이제 여행이나 다니겠다"고 선언했다.

손주까지 본 60세 할매가 넓은 세상 탐험에 나섰다. (중략) 출발 전 자료를 뒤지고 숙소와 티켓 등도 일일이 예약했다. 그런 식으로 10여 년간 유럽 20여 개국을 누볐다. (중략) 그는 나이들어 여행하는 것은 어쩌면 ⋯ 지금의 내 시간을 확인하기 위한 것인지도 모르겠다는 생각이 든다고 했다.

'인생 2막에 여행작가 타이틀이 붙은 김원희님의 이야기', 서영아의 100세 카페, <동아일보>

나이가 들면서 삶의 패턴은 익숙한 일상에 맞춰 고정되기 쉽다. 특히 시간적 여유는 많이 생기지만 활동의 폭은 줄어드는 경우가 많은데 여행은 익숙한 단조로움에서 벗어나 새로운 자극을 경험할 수 있는 특별한 기회를 제공한다. 여행을 떠나는 것은 단순히 다른 장소로 이동하는 것이 아니다. 내가 속한 '익숙함'과 잠시 거리를 두고 새로운 시각에서 세상을 마주하는 과정이다. 낯선 공간에서 예상치 못한 경험을 하고 새로운 사람들과 소통하며 다양한 문화와 역사를 접하는 것 자체로 우리의 삶은 더욱 다채롭고 의미있게 된다.

1 지금 떠나야 하는 이유:
여행의 매력

여행은 다양한 매력을 가지고 우리에게 선물을 선사한다. 우선 여행중에 걸으면서 하게 되는 **다양한 활동은 건강한 신체를 가져다 준다**. 유럽의 유적지를 탐방하거나 일본의 전통 정원을 거닐며 느긋하게 산책하는 것만으로도 혈액 순환과 관절 건강에 도움이 된다. 무리하지 않는 선에서 한다면 여행은 유연하고 지속적인 신체 활동을 유지하는 데 좋은 방법이 될 수 있다.

정신적, 정서적 측면에서도 여행은 소중한 역할을 한다. 여행은 단조로운 일상에서 벗어나 새로운 장소를 탐험하는 자체로 두뇌를 자극하며 활력을 불어넣는다. 새로운 환경에서 자신을 재발견하고 재충전할 수 있는 기회를 제공한다는 점에서 정신적 자극을 주는데도 유익하지만 자연을 배경으로 하는 여유로운 여행의 경우 정서적 안정감과 긍정적인 정서 상태를 유도한다. 바닷가에서 파도소리를 들으며 시간을 보내거나 숲속에서 신선한 공기를 마시며 걷는 것이 심리적 안정감과 평온함을 제공하는 것처럼 말이다.

여행이 주는 또 다른 선물은 **사회적 교류**이다. 여행을 통해 새로운 사람들을 만나거나 여행 동반자와 여행 중에 나누는 대화는 깊은 유대와 연결을 촉진하고 정서적 유대감을 형성하게 한다. 단체 여행이나 여행 프로그램에 참여하며 동년배들과 함께 하는 교류를 통해 새로운 관계를 맺을 수도 있다. 일상을 벗어나 여행 중에 겪는 작은 성취감들, 예를 들어 낯선 곳에서 길을 찾거나 현지 언어로 간단한 주문을 해보는 것들은 작은 도전이지만 성공했을 때 자신감을 높이는 계기가 된다. 소소한 성공 경험은 나이가 들어서도 여전히 성장하고 있다는 메시지를 나에게 전해준다.

이러한 점에서 여행은 단순한 휴식이나 관광 이상으로 새로운 가능성을 탐색하고 인생 후반부를 더욱 가치있게 만드는 새로운 자극이자 과정이라 할 수 있다. <u>나이가 들었다고 새로움을 경험할 수 없거나 새로운 경험이 주는 의미가 줄어들지는 않는다.</u> 오히려 새로운 장소를 방문하고 다양한 문화를 체험하는 것이 젊은 시절 느끼지 못했던 큰 감동과 의미로 다가올 수 있다. 여행을 통해 우리는 다시 한번 세상을 배우고 나를 발견하며 지금까지와는 다른 시선으로 인생을 바라볼 수 있는 귀한 선물을 얻는다. 이것이 바로 여행의 매력이다.

2 나를 위한 여행, 나를 위한 쉼표

여행은 건강 상태와 취향, 목적에 따라 다양한 방식으로 전개될 수 있다. 누구에게는 고요한 자연속에서의 힐링이 가장 이상적인 여행일 수 있고, 또 다른 이에게는 새로운 문화와 사람들을 만나며 배우는 경험이 더 깊은 울림을 줄 수 있다. 이 장에서는 다양한 여행 테마를 대표적인 예시와 함께 소개하고자 한다. 직접 체험하고 배우는 '체험형 여행', 걱정 없이 편하게 떠나는 '국내 여행', 몸과 마음을 다독이는 '웰니스 & 자연 치유 여행', 깊이있는 성찰을 가능하게 하는 '문화·역사 탐방 여행' 그리고 일상에서 벗어나 새로운 삶을 체험하는 '장기 체류형 여행' 등이다. 여행을 즐기는 방식은 다양하므로 여기 소개된 내용에만 국한하지 말고 이 기회를 통해 나에게 맞는 여행 스타일을 찾아보는 것도 좋겠다.

구경 말고 경험하자: 체험형 여행

많은 사람들은 여행을 단순히 새로운 장소를 방문하고 유명한 관광지를 둘러보는 것으로 생각하는 경우가 대부분이다. 하지만 단순히 보는 것에서 벗어나 '직접 해보는' 경험을 하는 것은 어떨까? 몸을 움직이고 손으로 무언가를 만들며 현지 문화를 직접 체험하는 과정은 여러 자극을 동시에 제공하며 적극적으로 무엇인가에 몰입하고 즐길 수 있는 기회가 되기도 한다.

체험형 여행은 단순한 관광보다 훨씬 더 강렬한 인상과 기억으로 남는다. 예를 들어 태국 시장에서 직접 재료를 고르고 요리를 해보는 경험이나 뉴질랜드 와인 농장에서 포도를 수확하고 와인을 만드는 과정에 참여하는 일은 단순히 음식이나 음료를 소비하는 것을 넘어 그 문화의 일부가 되는 기회를 제공한다. 이런 경험은 이제까지 미처 몰랐던 세계를 경험하고 새로운 관심사를 발견할 수 있는 계기가 되기도 한다.

◆ 태국 요리 체험[1]

방콕에는 태국 전통 요리를 배울 수 있는 쿠킹 클래스가 많다. 현지 시장에서 직접 장을 보고 태국 특유의 향신료와 재료를 활용해 요리를 배우는 과정은 단순한 관광보다 훨씬 깊은 경험을 제공한다. 여행이 끝난 후에도 배운 요리를 집에서 재현할 수 있어 이색적인 즐거움을 지속할 수 있다.

---

[1] 태국 요리를 체험할 수 있는 요리 학원들이 많다. 이 사진은 페이스북에 올려진 태국요리학원을 예시로 보여준다.
https://www.facebook.com/sompongthaicookingschool/

◆ **뉴질랜드 와인 트레일이나 쿠킹 클래스**

뉴질랜드의 혹스베이Hawkes-bay나 말보로Malborough 지역에서는 유명 와인 농장을 방문하여 직접 포도를 수확하고 와인 제조 과정을 배울 수 있다. 와인 시음뿐 아니라 지역 특산물을 활용한 쿠킹 클래스도 함께 운영되어 현지의 미식을 체험하는 경험을 제공한다.

클래식 뉴질랜드 와인 트레일(출처: 뉴질랜드 관광청)

가깝고, 편하고, 저렴하게: 똑똑한 국내 여행

여행을 떠나는 데 가장 큰 걸림돌 중 하나는 비용 부담과 이동의 불편함일 것이다. 저렴하고 편하게 즐길 수 있는 여행 프로그램을 찾아보면 국내에 많이 마련되어 있다. 특히 지자체에서 지원하는 여행 패키지를 활용하면 보다 경제적이고 편리한 여행이 가능하다.

국내 여행은 해외 여행보다 이동 부담이 적고 의료 시설 이용에 대한 걱정이 없어 특히 안전한 여행을 선호하는 사람들에게 적합하다. 또 기차를 이용하면 장시간 운전의 피로에서 벗어나 쾌적한 이동이 가능해 여행 자체를 더욱 여유롭게 즐길 수 있다.

◆ **레츠코레일: 지자체 지원 여행 패키지**

지역사랑 철도여행(출처: 코레일 홈페이지)

코레일에서는 국내 철도를 이용한 다양한 패키지 여행을 운영하며 일부 여행 상품은 지자체의 지원을 받아 저렴한 가격에 제공된다. 특히 '지역사랑 철도여행'의 경우 23개 지자체와 협약하여 승차권 반값 할인과 관광명소 혜택(구매시 10% 할인과 관광지 방문 인증후 철도 운임 40% 할인권 제공)을 결합한 다양한 여행 상품을 제공하고 있다.

◆ **여행 커뮤니티: 꿈꾸는 여행자 프로그램**

문화체육관광부와 한국관광협회가 운영하는 '꿈꾸는 여행자' 프로그램은 60세 이상 성인을 위한 체계적인 여행 교육 및 여행지 추천 커뮤니티이다. 여행 준비, 앱 활용법, 실습 여행 등을 무료로 제공하여 보다 계획적인 여행을 적은 부담으로 즐길 수 있도록 돕는다.

'꿈꾸는 여행자' 홈페이지

지친 일상에서 한걸음 물러나기: 웰니스 & 자연 치유 여행

여행은 몸과 마음을 치유하는 강력한 힘을 가지고 있다. 특히 조용한 자연 속에서의 휴식과 건강을 위한 웰니스 여행은 단순한 관광을 넘어 긴장과 웰빙을 통해 웰에이징을 실천하는 데 효과적인 방법으로 알려져 있다.

요가, 명상, 스파, 온천 등을 포함한 웰니스 여행은 몸과 마음을 동시에 돌보는 것을 목표로 하여 스트레스 완화와 신체 회복을 돕는 유익한 방법이 될 수 있다. 또한 숲속에서 시간을 보내는 산림 치유는 심신 안정과 혈압 감소, 면역력 향상에 효과적이라는 연구 결과도 있다.

◆ 일본의 온천 여행

벳푸와 유후인 등 일본에 자연 온천으로 유명한 곳이 많다. 온천 료칸을 키워드로 검색하면 다양한 가격과 퀄리티의 온천을 지닌 료칸(숙박시설)을 찾을 수 있으니 원하는 기준에 맞게 선택하면 된다. 온천이  주는 따뜻한 온기는 관절염, 혈액 순환 개선뿐 아니라 심리적 안정에도 긍정적인 영향을 미친다.

◆ **한국의 산림 치유 여행: 숲 테라피와 명상 여행**

우리나라에는 울창한 산림을 이용하여 산림치유 목적으로 운영되는 곳이 산림치유원, 치유센터나 치유공원, 치유의 숲 등의 이름으로 많이 있다. 한 예로 경북 영주시에 있는 국립산림치유원의 경우 치유 숲길과 휴양 시설이 있고 데크로드 길도 있어 모두 편하게 걸을 수 있고 숲 해설자의 설명과 함께 자연의 소중함을 느끼는 기회를 가질 수 있다. 산림치유와 관련된 정보는 한국관광공사가 운영하는 국내 여행 정보 서비스인 '대한민국 구석구석'과 한국산림복지

국립산림치유원 영주(주치지구) **데크로드**

진흥원의 홈페이지 등을 활용하면 풍성히 얻을 수 있다. '대한민국 구석구석'에서는 우수웰니스관광지 소개뿐 아니라 다양한 테마와 지역별 여행코스와 정보를 얻을 수 있고 한국산림복지진흥원 사이트에서는 산림치유를 목적으로 운영되는 다양한 치유의 숲과 치유 프로그램에 대한 정보를 볼 수 있다. 2023년 10월 기준 전국에 총 48개 국공립 치유의 숲이 운영되고 있다고 하니 이를 활용하여 마음의 치유를 위한 명상 여행을 떠나보자.

◆ **발리와 태국의 리트릿 여행: 요가와 스파 여행**

'리트릿retreat'의 사전적 의미는 철수, 후퇴, 퇴각으로(네이버 사전) 일상생활에서 잠시 떠나 삶의 에너지를 재충전하는 목적으로 가지는 휴식의 시간을 말한다. 인도네시아 발리와 태국에는 요가와 명상, 자연속에서의 스파를 결합한 리트릿 프로그램을 제공하는 웰니

발리 베스트 웰니스 & 웰빙 이미지(Klook에서 이미지 제공)

스 리조트가 많다. 우리나라에서 여전히 인기를 끄는 템플스테이와 유사한 맥락으로 국내에서도 자연 속에서 명상이나 요가를 하고 티체험을 하는 등의 형식으로도 많이 제공되고 있으니 참고하면 좋겠다.

길 위에서 배우는 인생 수업: 문화·역사 탐방 여행

웰에이징에서 거듭 강조해도 지나치지 않을 만큼 중요한 것이 지속석인 학습이다. 인생 자체가 배움의 연속이지만 특히 새로운 환경에 스스로를 노출시키며 경험하는 과정은 정신적 자극을 통해 인지 기능을 향상시키고 삶의 만족도를 높이는 데 도움이 된다. 문화와 역사 탐방 여행은 역사적인 장소나 예술적인 환경을 방문함으로써 지적 호기심을 자극하고 새로운 지식과 교양을 쌓는 과정이다.

고대 문명의 유적지를 방문하거나 박물관이나 미술관을 역사적 가치를 느끼는 것도 문화와 역사 탐방 여행의 중요한 부분이다. 예를 들어 유럽의 대형 박물관을 둘러보며 역사적 작품을 감상하거나 이탈리아 르네상스 예술을 탐구하는 투어 등은 단순한 여행을 넘어 시간 여행을 통해 과거의 역사 속으로 들어가는 경험이 된다.

◆ **이탈리아 르네상스 예술 여행**

피렌체, 로마, 베네치아 등을 방문하며 미켈란젤로, 다빈치, 라파엘로 등의 작품을 직접 감상해 보거나 웅장하고 의미있는 대성당 등의 역사적 장소를 찾아다니며 과거와 현재를 연결하는 의미있는 흔적을 찾아보는 것도 좋겠다.

◆ **유럽 박물관 투어**

유럽에는 세계적으로 유명한 박물관이 많다. 런던 대영박물관에서는 이집트 문명을, 파리 루브르 박물관에서는 레오나르도 다빈치의 모나리자나 밀로의 비너스 조각 등 다양한 작품들을 감상하며 역사와 예술을 접해보자.

루브르 박물관(출처: 루브르 박물관 홈페이지)

◆ **국내 역사 탐방**

우리나라에서 역사적으로 의미있는 장소와 유적지를 찾는 것도 의미있다. 경주는 신라의 수도로 불국사나 첨성대 등 중요한 역사 유적이 많다. 공주와 부여 등 백제 유적지 탐방도 우리나라 고대 문명을 이해하는 데 도움이 되고 글로 배웠던 것을 직접 방문함으로써 역사의 깊이를 한층 더 느낄 수 있다.

한 달쯤은 다른 나로 살아보기: 장기 체류형 여행

해외 또는 다른 지역에서 한달 살아보기는 단기 여행이 주는 일시적인 경험을 넘어, 새로운 환경에서 장기간 머물며 현지 생활을 체험하는 형태의 여행이다. 이러한 테마 여행을 시도하는 것은 그 지역의 문화를 깊이 이해하고 새로운 일상 속에서 자기 자신을 재발견할 수 있는 기회를 제공한다. 새로운 곳에서의 일상생활은 현지 언어, 관습, 음식, 생활 방식을 배우는 과정으로 이어지며 그 과정에서 자기 자신을 돌보며 적응력을 키워가기 위한 기회를 제공한다. 이 경험은 새로운 것을 배울 수 있다는 자신감을 심어줄 뿐만 아니라, 다양한 문화를 경험하면서 열린 사고방식을 가질 수 있게 돕는다.

물론 일상에서 벗어나 새로운 환경에 적응하는 과정은 때때로 스트레스일 수 있다. 그러나 이를 통해 얻게 되는 자기 발견의 경험은

더 큰 보상이 되어 돌아올 것이다. 특히 장기간의 체류는 실제로 현지의 일상 속에 들어가 현지 시장에서 장을 보고 공원에서 산책을 하며 그곳 사람들과 일상을 공유하는 과정이다. 새로운 생활 패턴을 형성하고 스스로의 한계를 극복하면서 깊이 있는 배움과 성취감을 얻을 수 있는 소중한 경험이 될 것이다.

◆ **포르투갈 한 달 살아보기: 조용하고 한적한 유럽 도시 체험**

포르투갈의 리스본과 포르투는 한적하면서도 물가가 저렴해 장기 체류하기에 적합하다. 특히 포르투갈은 바다와 접해 있어 신선한 해산물이 풍부할 뿐 아니라 로컬 시장에서 신선한 과일과 야채를 저렴하게 구할 수 있다는 장점이 있다. 리스본과 포르투를 거점으로 주변의 외곽지역을 관광하기에도 좋다.

포르투갈(출처: 트립닷컴)

◆ **태국 치앙마이**

: **세계적인 한 달 살기 도시에서 여유로운 삶 즐기기**

치앙마이는 태국에서 문화적으로 중요한 도시이면서 상대적으로 날씨가 선선하고 물가가 저렴해서 한 달 살기에 도전하는 사람들이 많은 편이다. 특히 한국에서 직항 노선의 운항 횟수도 많아져 인기 여행지로 떠오르고 있다. 불교 사원들과 다양한 자연 경관도 즐길 만하다. 그러나 요새 치안 이슈가 있는 만큼 안전 여행에 대한 경각심도 필요하다는 점 기억하기 바란다.

치앙마이(출처: 트립닷컴)

이처럼 여행은 단순한 관광을 넘어 더욱 풍요로운 삶을 실천하는 데 중요한 역할을 한다. 나에게 맞는 테마를 선택하고 새로운 경험을 통해 활기찬 인생을 만들어 보자.

3. 안전하고 의미 있는 여행을 위한 체크리스트

여행을 계획할 때는 신체적, 정신적, 그리고 안전 측면에서 여러 가지 중요한 요소들을 고려해야 한다. 여행은 우리 삶의 질을 향상시키는 수단이지만 준비와 계획이 제대로 이루어지지 않으면 오히려 건강에 해로울 수 있다. 따라서 여행을 준비할 때는 자신의 건강 상태, 여행의 안전성, 그리고 여행의 목적을 명확히 설정하는 것 등이 필수적이다. 여행의 성공 여부를 결정짓는 중요한 기준이 될 수 있는 유의점들을 구체적으로 살펴보자.

내 몸에 맞는 여행 선택하기

여행을 계획할 때 가장 먼저 고려해야 할 것은 자신의 건강 상태이다. 각자 신체적 능력과 건강 상태가 다양하기 때문에, 자신의 체력과 건강에 맞는 여행을 선택하는 것이 중요하다. 신체적 활동이 적절하게 계획된 여행은 신체 건강을 증진시키고 심리적 안정감을 제공할 수 있다. 그러나 과도한 활동이나 무리한 일정은 오히려 피로와 스트레스를 유발하여 건강에 부정적인 영향을 미칠 수 있다. 예를 들어, 고지대나 극한 기후 조건에서의 여행은 심혈관 질환이나 호흡기 질환을 가진 이들에게 위험할 수 있다. 따라서 여행지의 기후, 지형, 활동 수준 등을 미리 확인하고, 자신의 체력과 건강 상태에 맞는 여행지를 선택하는 것이 필수적이다. 또한, 여행 전에는 반드시 건강 검진을 받고, 필요한 경우 의료 전문가와 상담하여 적절한 조언을 받는 것이 좋다.

무엇보다 안전을 최우선으로!

여행을 할 때 건강과 함께 최우선으로 고려해야 할 것이 안전이다. 현지의 치안이나 안전 장치에 대한 부분도 중요할 뿐 아니라 여행 중 사고나 부상의 위험을 방지할 수 있는 노력이 필요하다. 따라서 여행을 계획할 때는 이동 경로와 숙소의 안전성, 의료 서비스의 접근성 등을 꼼꼼히 점검하는 것이 중요하다. 여행 보험 가입은 예기치 않은 사고나 질병에 대비하는 중요한 방법 중 하나이다. 또한, 현지 교통 안전을 고려하여 가능한 한 안전한 교통 수단을 이용하는 것이 좋다. 특히, 해외 여행 시에는 현지의 의료 시설 및 응급 서비스에 대한 정보를 미리 파악해 두는 것이 필요하다.

여행의 목적을 분명히 하자

여행은 그 목적에 따라 스타일과 활동이 달라질 수 있다. 여행의 목적을 명확히 설정하는 것은 여행의 만족도를 높이는 주요한 요소이다. 예를 들어 휴식을 위한 여행이라면 자연과 교감할 수 있는 조용한 장소를 선택하는 것이 좋다. 문화 체험을 위한 여행이라면 역사적인 명소나 박물관을 방문하는 등 문화적 자극을 제공하는 장소가 적합하다. 가족과의 유대 강화를 위한 여행이라면 모든 세대가 함께 즐길 수 있는 활동을 포함하는 것이 중요하다. 목적에 적절한 여행지와 활동을 선택하도록 하자.

좋은 여행은 좋은 동행에서 시작한다

여행을 할 때 혼자도 좋지만 믿을 만한 동반자와 함께하는 것이 좋다. 적절한 여행 동반자는 여행 중 발생할 수 있는 여러 상황에서 신체적, 정서적 지원을 제공할 수 있다. 신뢰할 수 있는 동반자와의 여행은 스트레스 수준을 낮추고, 안전성을 높이며, 전반적인 여행 경험을 긍정적으로 만든다. 가족이나 친구와 함께하는 여행은 그래서 더욱 즐겁고 안전하다. 이들은 갑작스러운 건강 문제나 예기치 않은 상황에서 큰 힘이 될 수 있으며, 여행 중의 즐거움을 함께 나눌 수 있는 필요한 존재이다.

유연한 일정이 여유를 만든다

여행 중 예기치 않은 상황이 발생할 가능성을 고려하여 여행 일정을 너무 빡빡하게 잡지 않는 것이 중요하다. 유연한 일정은 여행 중 발생할 수 있는 피로, 건강 문제, 또는 기상 변화 등에 대응할 수 있는 여유를 제공한다. 일반화할 수는 없지만 나이가 들어가면서 아무래도 회복 속도가 느리기 때문에 충분한 휴식 시간을 포함한 여유로운 일정이 필요하다. 여행 중 피로가 누적되면 건강에 부정적인 영향을 미칠 수 있으므로, 하루에 너무 많은 활동을 계획하기보다는 적절한 휴식을 취할 수 있는 일정을 짜는 것이 중요하다. 또한, 여행 중 돌발 상황에 대비해 일정 변경이 가능하도록 유연성을 확보하는 것이 바람직하다.

식습관도 여행의 일부

여행 중에는 일상적인 식사 습관이 무너질 수 있기 때문에, 건강을 유지하기 위해 식단 관리가 필요하다. 특정 질환을 가진 경우나 건강 상태에 따라 식단 관리가 중요할 수 있으므로, 여행지에서 섭취할 음식에 주의를 기울여야 한다. 특히 여행 중에는 낯선 음식이나 과도한 양의 음식을 피하고 수분 섭취도 충분히 하는 것을 포함해 균형 잡힌 식사를 할 수 있도록 하는 것이 중요하다.

사전 정보는 나침반! 준비가 여행의 반이다

여행지에 대한 충분한 사전 정보 수집이 필수적이다. 이는 안전하고 쾌적한 여행을 보장하는 중요한 요소이다. 여행지의 의료 시설, 긴급 연락처, 현지 관습 및 법률에 대한 이해는 여행 중 발생할 수 있는 문제를 예방하거나 신속히 대응하는 데 도움이 된다. 사전에 충분한 정보를 알고 여행을 떠난 사람들은 그렇지 않은 사람들보다 여행 만족도가 높고, 문제가 발생했을 때 더 효과적으로 대응할 수 있다. 또한, 현지 언어에 대한 기본적인 이해나 필수적인 의사소통 표현을 미리 익혀두는 것도 도움이 될 수 있다.

회복도 계획에 넣자

여행은 신체적, 정신적으로 피로를 유발할 수 있기 때문에, 여행 후 충분한 회복 시간을 가지는 것이 중요하다. 여행 후 피로 회복에 오랜 시간이 필요할 수 있으므로 여행 일정이 끝난 후 충분한 휴식

기간을 계획하는 것이 바람직하다. 여행 후 충분한 회복 시간을 가지는 것이 다음 여행의 준비 과정에 긍정적인 영향을 미치며, 전반적인 건강 상태를 유지하는 데 도움이 된다.

이와 같이 여행을 계획할 때는 건강 상태, 안전성, 여행 목적 등까지 꼼꼼히 고려하는 것이 중요하다. 이러한 준비 과정을 통해 여행이 신체적, 정신적 건강을 증진시키고 전반적인 삶의 질을 향상시키는 중요한 경험이 될 수 있다. 올바른 계획과 준비를 통해 활기차고 안전한 여행을 즐길 수 있도록 하자.

오늘부터 한 가지

나만의 1일 여행 기획해 보기

여행을 실천하려면 단순한 계획에 그치지 않고 실제로 행동에 옮기는 것이 중요하다. 그 시작이 오늘 '1일 여행 기획하기'이다. 이번 달 안에 하루 동안 갈 수 있는 여행지를 정해보자. 예를 들어 기차를 타고 근교 전통시장을 방문해 지역 음식을 맛보고 박물관이나 문화 유적지를 둘러본 후 카페에서 여행 노트를 정리하는 일정으로 구성할 수 있다. 하루가 부담스럽다면 반나절만이라도 좋다. '나중에~'라고 생각만 하면서 미루지 말고 오늘 당장, 여행을 위한 한 가지 행동을 시작해 보자. 오늘 시작하면 다음 여행은 훨씬 수월할 것이다.

🌐 참고할 만한 사이트

- 뉴질랜드 관광청

    https://www.newzealand.com/kr/

- 코레일 지역사랑 철도여행

    https://www.korail.com/tour/main: 코레일 홈페이지 – [기차여행] – [이벤트]를 보면 다양한 지역사랑 철도여행(자유여행 상품)을 찾을 수 있다.

- **2024 지역사랑 철도여행**

    https://www.korail.com/tour/customer/event/eventProgress/19334

- 꿈꾸는 여행자

    https://www.seniordream.org/main/main.php

- 대한민국 구석구석

    https://korean.visitkorea.or.kr/

- 한국산림복지진흥원

    https://www.fowi.or.kr/user/main/main.do

삶의 닻을
단단히
내리다

09

퇴직 후 경제적 자유를 위한 스마트 전략

'2023년 중장년 구직 활동 실태 조사' 결과에 따르면 중장년 구직자의 주된 직장 퇴직 연령은 평균 50.5세(남성 51.5세, 여성 49.3세)로 집계됐다. 퇴직 사유로는 정년 퇴직 비율은 9.7%에 그쳤고, 권고사직·명예퇴직·정리해고 등 비자발적 퇴직 비율이 56.5%로 훨씬 높았다. (중략) 언제까지 경제 활동을 희망하는지에 관한 질문에 평균 68.9세까지 일하고 싶다고 답했다. 연령대별로 살펴보면 40대는 67.5세, 50대는 68.9세, 60대 이상은 70.8세까지로 연령대가 높아질수록 일하고 싶은 나이가 증가하는 것으로 나타났다.

"주된 직장' 퇴직연령 50.5세… '일자리 찾는' 중장년", <경향신문>, 2023.11.1

"퇴직하면 좀 쉬고 싶다"는 생각, 누구나 한 번쯤 해본다. 하지만 현실은 그리 녹록하지 않다. 요즘은 결혼도 출산도 늦다. 평균적으로 30대 중반에 첫 아이를 낳는 흐름이 일반화되고 있다.[1 2] 그렇다면 50대 초반에 퇴직하게 될 경우, 자녀는 고등학생일 가능성이 크다.[3] 이 시기는 교육비 지출이 정점을 찍는 시기이기도 하다.[4] 그런데 많은 이들이 바로 이 시점에 퇴직을 맞게 된다. 예상보다 이르게 닥친 은퇴, 여전히 많은 지출이 남아 있는 현실. 수입은 뚝 끊기는데, 자녀 교육비는 한창 들어갈 시기다. 생활비와 교육비를 함께 감당해야 하는 현실 앞에서, 많은 중장년이 다시 일을 찾아 나선다.

그렇다면, 퇴직 후 노후를 안정적으로 살아가기 위해선 얼마나 필요할까? 부부 기준 적정 노후 생활비는 월 277만 원 수준이며, 기대 수명까지를 감안하면 10억 원 이상이 필요하다는 계산이 나온다.[5] 하지만 현실은 이와 거리가 멀다. 여유 자금을 마련해 둔 사람은 많지 않다. 실제로 많은 중장년층이 퇴직 후에도 계속 일하는 삶을 선택할 수밖에 없다.

'일할 수 있을 때까지 일한다'는 말이, 한국에서는 더 이상 비유가

---

1 2023년 혼인 이혼 통계 [보도자료]. 통계청, 2024.
2 2023년 출생 통계 [보도자료]. 통계청, 2024.
3 중장년 구직활동 실태 조사 결과 보도자료. 한국경제인협회 중장년내일센터, 2023.
4 2024년 초중고 사교육비 조사 결과. 통계청, 2025.03.13.
5 제9차(2021년도) 중·고령자의 경제생활 및 노후준비실태 조사 결과 발표 [보도자료]. 국민연금공단 국민연금연구원, 2023.01.03.

아니다. 실질 은퇴 연령은 남성 72.9세, 여성 70.6세로 OECD 국가 중 가장 높고, 노인빈곤율 역시 최상위권이다. 그만큼 공적 연금만으로는 삶을 유지하기 어려운 구조라는 뜻이다. 이제는 누구도 대신 살아주지 않는 시대. 내 노후는 내가 책임져야 한다. 퇴직은 삶의 마침표가 아니라 전환점이자 재설계의 기회다.

이제는 노후를 막연히 기다리는 게 아니라, 미리 계획하고 능동적으로 준비하는 태도가 필요하다. 이 장에서는 한국의 노후 현실을 함께 짚어보고, 퇴직 후 삶을 새롭게 구성할 수 있는 구체적인 재정 전략과 제도적 대안을 살펴보고자 한다. 두려움보다 실행이 필요한 지금, 우리에게 요구되는 건 단 하나, 현명한 선택과 준비된 행동이다.

1 아직 준비 안 됐는데, 퇴직이 먼저 온다

퇴직을 앞두고 가장 크게 다가오는 걱정은 단연 '돈'이다. 직장이라는 든든한 울타리를 벗어나는 순간, 수입은 끊기고 불안은 시작된다. 미국은 정년 제도가 없고, 일본은 원하면 65세까지 일할 수 있으며, 독일은 법적 정년은 없지만 연금 수령 시점을 2029년까지 67세로 상향하고 있어 사실상 67세까지 일하는 구조가 정착되고 있다. 이처럼 여러 나라가 정년을 늦추거나 없애는 흐름으로 가고 있다. 반면 한국은 여전히 법정 정년이 60세에 머물러 있고, 실제로는 이보다 훨씬 이른 시점에 퇴직하는 경우가 많다.

이처럼 퇴직 시기가 앞당겨지는 현실 속에서, 노후 준비는 더 이상 '은퇴 후의 문제'가 아니다. 오히려 중장년기, 특히 50대 초반부터 본격적으로 준비를 시작해야 한다. 문제는 이 시기를 위한 사회적 기준이나 정책적 틀이 아직 뚜렷하지 않다는 점이다. 예를 들어, 고령자 기준을 놓고 봐도 헷갈리는 경우가 많다. 어떤 법에서는 55세부터, 또 다른 제도에서는 60세, 어떤 복지정책은 65세 이상에게만 적용된다. 최근에는 '신중년'이라는 개념까지 생겨나 50세에서 64세 사이를 새로운 정책 대상으로 다루고 있지만, 이 역시 기준이 일관되지 않아 혼란을 겪는 경우가 적지 않다.

국민 입장에서는 "나는 어느 제도의 대상인가?"조차 헷갈리는 상황이다. 기준이 없으면 방향도 세우기 어렵다. 결국 우리는 누가 알려주기를 기다릴 것이 아니라, 스스로 나의 시기를 정하고 준비를 시작해야 한다. 퇴직이 실제로 시작되는 시점인 50대 초반이 바로 그 지점이다. 그렇다면 우리 국민은 언제부터 노후를 준비하고 있을까? 평균적으로는 45세 무렵부터라고 한다. 그러나 준비하지 못한 이유 중 가장 큰 비중은 '준비할 능력이 없어서'이다. 이는 단순히 게으르거나 미뤄서가 아니라, 구조적인 어려움에서 비롯된다. 실제로 중고령자의 45%는 '국가나 사회단체, 가족의 도움 없이는 경제적으로 자립이 어렵다'고 답했다.[6]

이런 상황에서 퇴직을 맞는다면 빈곤은 불가피하다. 퇴직 이후 일정 소득이 없다면, 생계를 유지하기 위한 수단이 막막해지기 때문이다. 더욱이 평균 기대수명은 83세를 넘어섰고, 50대에 퇴직하면 그 이후로 30년 이상을 살아가야 한다. 그 시간 동안 어떤 자산으로 살아갈 것인가를 스스로에게 물어야 할 시점이다.

공직 연금만으로 노후를 대비하기엔 현실적인 한계가 뚜렷하다. 현재 연금을 받고 있는 고령층의 절반 이상은 월 50만 원도 받지 못하고 있고, 국민연금 수급자의 평균 수령액도 60만 원에 불과하다. 반면, 부부가 노후에 안정적으로 생활하려면 한 달에 최소 277만 원이 필요하다고 한다. 국민연금 하나에만 의존하기엔 턱없이 부족한 수치다. 그럼에도 여전히 국민의 60% 이상이 국민연금만을 주된 노후 준비 수단으로 삼고 있는 것이 현실이다.

결국, 노후의 경제적 자유를 확보하려면 연금 외에도 다양한 준비가 필요하다. 기업이 제공하는 보장, 개인의 자산관리, 그리고 필요하다면 노동시장에 다시 진입할 수 있는 역량까지 갖춰야 한다. 퇴

---

6 제9차(2021년도) 중고령자의 경제생활 및 노후준비 실태. 국민연금공단 국민연금연구원, 2021.

직 전에 자격증을 취득하거나, 기술을 익히고, 재취업을 위한 준비를 병행해야 하는 이유가 여기에 있다. 2024년 현재, 55세 이상 고용률은 꾸준히 상승 중이며, 고령층의 건강과 교육 수준도 과거보다 훨씬 높아졌다. 이는 앞으로 중장년층의 경제활동 참여기 더 늘어날 수 있다는 긍정적인 신호다.

여기에 더해 소비 패턴을 재설계하고, 생활비를 줄이는 전략도 필요하다. 특히 고령화와 함께 늘어나는 의료비에 대비해 보험을 점검하고, 꾸준히 건강을 관리하는 것이 중요하다. 생활의 질은 단지 돈의 문제만이 아니라, 얼마나 효율적이고 안정적으로 삶을 설계하느냐의 문제이기 때문이다. 이제는 준비된 사람만이 여유 있는 노년을 맞이할 수 있다. 막연한 불안을 줄이고, 삶의 후반전을 더욱 주체적으로 설계하기 위해 다음 장에서는 실질적으로 활용할 수 있는 구체적인 전략과 제도들을 살펴본다.

2 생활비는 어디서 마련할까?

퇴직 후에도 돈이 들어오는 구조 만들기

퇴직 후의 삶을 안정적으로 살아가려면 연금 하나에만 기대는 것으로는 부족하다. 수입과 지출의 균형을 맞추고, 예기치 못한 상황에 대비하는 전략이 필요하다. 무엇보다 중요한 건, 은퇴 이후에 어디서 돈이 들어오고 어디로 나가는지를 명확히 아는 것이다. 퇴직 전이라면 우리 집의 **수입 구조부터 점검**해 볼 필요가 있다. 막연한 기대치보다는 구체적인 숫자로, 항목별로 따져보는 것이 좋다. 국민연금, 퇴직연금, 개인연금은 물론, 예적금, 주식, 부동산 임대수익 등 자산 포트폴리오를 실제 금액 기준으로 작성해 보면 은퇴 후의 수입 구도가 훨씬 분명해진다.

연금도 여러 종류가 있다. 국민연금, 퇴직연금, 개인연금처럼 매달 납입한 만큼 받는 연금이 있는가 하면, 기초연금이나 주택연금처럼 일정 조건을 충족하면 받을 수 있는 제도적 연금도 있다. 예를 들어 기초연금은 만 65세 이상, 소득 하위 70%에 해당할 경우 받을 수 있고, 주택이 있다면 일정 조건 하에 주택연금도 활용할 수 있다. 이런 연금 정보는 각각의 홈페이지나 기관의 서비스(예: 국민연금공단의 '내 연금 알아보기', 한국주택금융공사의 '예상연금조회')를 통해 미리 확인할 수 있다. 내가 받을 수 있는 연금의 종류와 예상 금액을 수치로 파악해 두는 것, 그것이 퇴직 후 재정 계획의 출발점이 된다.

연금 외에도 실업급여 자격, 퇴직 후 시간제 근무나 프리랜서, 소규모 창업 등 다양한 가능성을 열어두는 것이 좋다. 중요한 건 단순히 총액만 보는 것이 아니라, 언제 어떤 수입이 들어오고 어떤 시기에 공백이 생기는지를 시뮬레이션해 보는 것이다. 예컨대 국민연금 수령 개시 연령은 만 60세에서 65세(출생연도별로 상이)로, 퇴직이 55세라면 그 사이 몇 년은 수입 없이 버텨야 한다. 그 기간을 어떻게 메울지, 어떤 순서로 자산을 꺼내 쓸지까지 미리 그려본다면 예측 가능한 삶을 설계할 수 있다.

줄일 수 있는 지출, 반드시 대비해야 할 지출

한편, 수입만큼이나 중요한 것이 지출 관리다. 퇴직 이후에는 수입이 줄어드는 만큼, 지출도 그에 맞춰 조정해야 한다. 정규직이나 비정규직 중장년 채용의 평균 급여는 월 250만 원 수준인데, 국민연금공단이 제시한 부부 기준 적정 노후생활비는 277만 원이다.[7] 즉, 단일 소득만으로는 충당이 어려운 경우가 많고, 연금 수령이 늦어지는 경우에는 그 공백이 더 커진다.

그렇다면 무엇을 줄여야 할까? 먼저 **고정 지출을 구조화**해 보는 것이 필요하다. 생활비 중 꼭 필요한 항목과 선택 가능한 항목을 구분하는 것이다. 예를 들어, 관리비·공과금·통신비·식비는 생존과 직결된 항목이다. 반면, 여행·레저·취미·외식 등은 필요에 따라 조정 가능한 지출이다.

이렇게 구분하면, 위기 상황에서도 어떤 지출을 줄일 수 있을지 명확해진다. 또한 예상치 못한 일회성 지출도 고려해야 한다. 자녀 결혼, 이사, 의료비, 가전 교체 등은 종종 큰 지출로 이어지며, 이런 항목은 별도의 저축이나 적립식 보험 등으로 미리 준비해 두는 것이 좋다. 의료비 지출 또한 무시할 수 없다. 국민건강보험공단에 따르면 65세 이상 성인의 1인당 연간 진료비는 전체 평균의 2배가 넘어 2023년 기준 약 543만 원으로 전체 평균 진료비의 2.5배 수준이다.[8] 노화에 따라 병원 방문은 잦아지고, 장기요양이나 시술 등이 갑작스럽게 필요할 수 있다. 건강보험, 실손보험 등을 퇴직 전 꼼꼼히 점검하고, 6개월치 비상자금을 확보해 두는 것이 바람막이가 될 수 있다.

퇴직 전부터 사교육비, 여가비용, 외식비처럼 줄일 수 있는 항목

---

7   2024년 중장년 채용계획 기업의 평균 임금 조사. 전국경제인연합회, 2024.
8   2023년 건강보험통계연보. 국민건강보험공단, 건강보험심사평가원, 2024.

을 정비하고, 주거유지비와 의료비처럼 줄이기 어려운 항목은 별도로 대비해 두면 좋다. 단순히 '얼마를 써야겠다'가 아니라, '어디에 얼마가 들어갈지'를 아는 것이 퇴직 이후 재정 안정의 핵심이다. 아래는 중산층 부부가 퇴직 후 수입과 지출을 어떻게 계획할 수 있는지를 보여주는 예시다. 연금 수령 자격을 갖춘 상태에서, 주택을 보유하고 있다는 전제 아래 작성되었으며, 기본적인 생활, 의료비, 여가 등을 포함한 시뮬레이션이다.

항목	내용	월 예상금액 (원)
국민연금	부부 합산 수령액 (남편 65만, 아내 50만)	1,150,000
퇴직연금	연금형 수령 가정	800,000
주택연금	시세 3억원 기준 정액형	600,000
기타 투자 수익	예적금, 소액 투자 등	300,000
총수입		2,850,000
필수 생활비	식비, 공과금, 통신비 등	1,200,000
의료비	만성질환 대비 및 정기검진 포함	300,000
주거 유지비	관리비, 노후 보수 등	400,000
여가/교통/기타	문화생활, 차량 유지 등	500,000
총지출		2,400,000
월잉여자금	저축 또는 비상금 활용 가능	450,000

이처럼 각 가정에 맞는 재무 시뮬레이션을 구성해 보고, 매년 갱신해 나가는 것이 가장 현실적인 재정관리 전략이다. 특히 의료비나 가족 지원비 등은 예상보다 늘어날 수 있으므로, 여유 자금을 비상

자금 또는 목적형 저축으로 분리해 두는 습관이 필요하다. 퇴직 이후의 삶은 단지 '버티는 시기'가 아니라, 계획과 선택으로 꾸려가는 새로운 인생이다. 지금부터 하나씩 점검하고 준비해 나가면, 훨씬 더 안정적인 후반전을 설계할 수 있다.

수입은 줄지만, 기회는 남아 있다

 퇴직을 해도 삶이 멈추는 건 아니다. 직장에서의 '직職'에서 물러났을 뿐이지, 여전히 우리는 일할 수 있고, 돈을 벌 수 있는 기회도 있다.

 예전처럼 한 직장에서 정년까지 일하고 퇴직하는 시대는 끝났다. 이제는 '**가교 일자리**bridge job'라고 불리는 제2의 직업을 찾는 흐름이 자연스러워졌다. 다행히도 제도는 조금씩 바뀌고 있다. 예를 들어 1,000인 이상 기업은 50세 이상 비자발적 퇴직 예정자에게 재취업 서비스를 의무 제공해야 한다. 중소기업에 다니는 사람도 '고용24' 같은 플랫폼을 통해 상담과 훈련, 취업 정보를 받을 수 있다. 현직에 있을 때부터 이런 정보를 한 발 앞서 확인하고 준비한다면, 퇴직이 훨씬 덜 막막할 것이다.

 꼭 기존과 같은 일이어야 할 필요도 없다. 지역사회 교육 강사, 비영리단체 자문, 프리랜서, 유튜브 콘텐츠 제작 등 소득과 보람을 함게 얻을 수 있는 일이 다양하게 존재한다. 정원을 가꾸던 취미를 살려 소규모 원예 창업을 하거나, 자격증을 활용해 컨설팅을 시작하는 이들도 있다. 요즘엔 시니어 전용 채용 플랫폼도 많아졌다. 시니어클럽, 중장년일자리희망센터 같은 기관은 단순히 일자리를 소개하는 것을 넘어, 맞춤형 일과 연결된 네트워킹까지 도와준다. 혼자서 막막하게 시작할 필요 없이, 이미 준비된 길을 따라가면 된다. 무엇보다 중요한 건, 내가 할 수 있는 방식으로 내 삶의 리듬을 다시 만들어 가는 것이다. 일은 단순히 돈을 벌기 위한 수단이 아니라, 자존감을 회복하고 세상과 연결되는 또 하나의 기회이기도 하다.

퇴직은 끝이 아니라 인생 2막의 출발선이다. 지금 내가 가진 시간, 경험, 관심사를 바탕으로 어떤 방식이든 나만의 수입원을 만들고, 의미 있는 일을 계속할 수 있다면, 그것만으로도 삶은 훨씬 더 활기차고 든든해질 수 있다. 이제 다음 장에서는, 이런 기회들을 제도적으로 어떻게 활용할 수 있는지, 정부와 지자체가 운영하는 실질적인 지원 정책을 살펴보려 한다. 알고 나면, 생각보다 더 많은 문이 열려 있음을 알게 될 것이다.

3 몰라서 못 쓰는 제도, 제대로 쓰는 법

은퇴 후의 삶을 계획하면서 "이제 나 혼자 다 감당해야 하나?" 하는 막막함이 들기도 한다. 하지만 생각보다 우리 사회에는 중장년을 위한 다양한 제도적 지원이 마련되어 있다. 교육, 고용, 복지 세 분야를 중심으로 살펴보면, 국가가 마련한 기회가 꽤 탄탄하다는 걸 알게 된다.

배움은 계속된다: 교육부의 평생학습 정책

중장년이 된다는 건 새로운 역할, 새로운 기회를 만나는 시기이기도 하다. 이제는 정부도 이 시기를 '생애도약기'라고 이름 붙이고, 다시 배우고 도전할 수 있도록 다양한 평생학습 지원을 하고 있다.

주목할 만한 제도는 대학 연계 평생교육 체제 지원 사업(LiFE 2.0)이다. 전국 50개 대학이 참여해 30~50대 성인 학습자가 원하는 시기에 다시 대학 교육을 받을 수 있도록 지원하고 있다. 야간·주말 수업, 전담 센터 운영, 학사 제도 유연화 등이 함께 진행되고 있어 현실적인 진입 장벽을 낮추고 있다. 예를 들어, 대구대학교는 '글로컬라이프대학'을 신설해 '평생교육·청소년학 전공', '자산관리·6차

산업학 전공' 같은 실용적인 전공을 중심으로 중장년을 위한 맞춤형 교육을 제공하고 있다.

지방자치단체도 평생학습도시를 중심으로 다양한 지역 기반 프로그램을 운영 중이다. 2025년 기준 전국 226개 지자체 중 195곳이 평생학습도시로 지정되었고, 각 지역에서는 주민의 관심사와 필요에 맞춘 자격증 과정, 취미 교육, 직업 훈련 등을 제공하고 있다. 예컨대 안성시는 40세부터 65세까지 시민을 대상으로 '자격취득 과정'을 운영해, 커피머신 관리사, 장애인 평생교육 강사, 시니어 종이접기 조형지도사 등 다양한 분야의 전문 과정을 제공하고 있다.[9] 순창군에서는 도서관, 경로당, 복지센터 같은 생활 밀착 공간을 활용한 교육도 활발하다.[10] 배움에는 늦은 나이가 없다. 단 한 번이라도 배우고 싶은 마음이 든다면, 지금이 바로 시작할 때다.

일할 수 있는 만큼, 일할 수 있도록: 고용노동부 정책

고용노동부는 중장년층의 경험과 능력을 사회의 동력으로 전환하기 위한 고용지원 제도를 체계적으로 운영하고 있다. 법적으로는 55세 이상을 '고령자'로 보지만, 실제로는 50세부터도 다양한 정책

---

9 '안성시, 40~65세 중장년 대상 '자격취득 과정' 수강생 모집', 〈아이뉴스24〉, 2025.03.04.
10 2024년 평생학습 프로그램 안내 - 모두배움터, 자격과정, 학습동아리 등. 순창군청, 2024.

의 대상이 된다. 가장 활용도가 높은 제도 중 하나는 국민내일배움카드다. 일정 소득 이상자나 공무원 등 일부를 제외하면 만 75세 미만의 국민 누구나 신청할 수 있고, 직업 능력 향상이나 새로운 분야 진입을 위한 교육비를 1인당 최대 500만 원까지 지원받을 수 있다. 이외에도 생애경력설계서비스, 신중년 경력형 일자리사업, 중장년내일센터의 전직스쿨 등 퇴직 이후의 방향을 다시 잡아주는 프로그램들이 마련되어 있다. 경험을 살려 공공부문에서 사회적으로 의미 있는 일을 하거나, 기존 경력을 재설계해 새로운 분야에 진입하는 데 실질적인 도움이 된다.

고령자를 고용한 기업에 인센티브를 제공하는 계속고용장려금, 고령자 고용지원금도 운영 중이다. 특히 고용노동부의 통합 취업 플랫폼 '고용24'에서는 "나이는 있지만 다시 취업하고 싶습니다"라는 메뉴를 따로 운영할 정도로 중장년 맞춤형 정보를 집중 제공하고 있다. 교육 과정, 자격증 정보, 심리 상담까지 모두 한 곳에서 연결된다.

일에서 삶으로: 보건복지부의 중장년을 위한 노후 일자리 연결 전략

보건복지부는 주로 노인 관련 정책을 담당하지만, 중장년기부터 미리 알고 준비해 두면 노후의 삶을 훨씬 안정적으로 설계할 수 있는 제도도 많다. 아직은 해당 연령이 아니라 하더라도, 언젠가 직접

활용할 수도 있고, 부모님이나 주변 지인에게 필요한 정보를 전달할 수도 있다. 보건복지부는 고령자의 활기찬 노후를 위해 '노인일자리 및 사회활동 지원 사업'을 운영하고 있다. 공익활동형(환경 개선, 돌봄 서비스), 사회서비스형(복지시설 보조 업무), 시장형 (시니어카페, 도시락 배달 등), 취업알선형(민간기업 취업 연결)까지 다양한 형태가 있으며, 매년 약 80만 명의 고령자가 이 사업에 참여하고 있다.

지금은 필요하지 않더라도, 언젠가 내가 이 제도를 활용할 날이 올 수도 있다. 정보만 알고 있어도, 기회는 그만큼 가까이 온다. 해당 사업은 각 지역의 시니어클럽이나 노인복지관을 통해 신청할 수 있고, 보건복지부 및 각 지자체 홈페이지에서 참여 조건, 모집 시기, 활동 내용을 확인할 수 있다. '나중에' 쓸 정보라 해도 '지금' 알아두면, 선택지는 더 넓어진다.

4   새로운 시작과 도약

나이가 든다는 건 단지 시간이 흐른다는 의미만은 아니다. 한 사람 안에 쌓여온 경험과 지혜, 관찰력과 분별력, 그리고 살아온 삶의 무게가 고스란히 담겨 있는 시간이다. 물론, 초고령사회로 접어든

지금 우리 사회가 마주한 도전은 만만치 않다. 하지만 그 안에는 분명 기회도 함께 숨어 있다. 중장년과 고령자야말로 그 기회를 현실로 바꿀 수 있는 힘을 가진 세대다. 특히 베이비붐 세대 이후의 인구는 오랜 시간 우리나라 경제를 지탱해온 중심축이었다. 그리고 이제 그들은 새로운 방식으로 사회와 다시 연결되려 하고 있다. 은퇴는 끝이 아니라, 한 단계 전환의 시기다.

정년을 마친 후에도 일할 수 있는 방법은 생각보다 다양하다. 고정된 일자리에서 벗어나 더 유연한 형태의 근로, 소규모 창업, 시간제 업무, 프리랜서 활동, 혹은 과거의 경력을 살려 컨설턴트로 일하는 방법도 있다. 국민내일배움카드를 활용해 새로운 분야의 기술을 익히고, 직업 훈련을 통해 다시 노동시장에 진입할 수도 있다. 새롭게 배우는 일은 단지 생계를 위한 수단을 넘어, 자존감을 지켜주는 든든한 삶의 동력이 되어준다.

이와 더불어 중요한 것은, 자신의 자산을 어떻게 관리하느냐이다. 국민연금, 퇴직연금, 예적금, 부동산 같은 전통적인 자산뿐 아니라, 이제는 ETF[11], 리츠[12]와 같은 간접투자 상품이나 디지털 금융 서

---

11 ETF(Exchange Traded Fund): 지수(예: 코스피200)나 채권·원자재 등 다양한 자산을 추종하는 펀드를 증권거래소에 상장해, 주식처럼 실시간 매매할 수 있는 금융상품.
12 리츠(REITs, 부동산투자신탁): 여러 투자자로부터 자금을 모아 상업용 부동산에 투자하고, 임대료나 매각 차익을 배당하는 간접투자 상품으로, 증권거래소에 상장되어 주식처럼 거래 가능.

비스에 대한 이해도 필요하다. 불필요한 소비를 줄이고, 가계 재무 구조를 슬기롭게 재설계하는 것도 중요하다. 특히 연금 개시 전후에 생길 수 있는 소득 공백기, 그리고 고령기에 늘어날 수밖에 없는 의료비 같은 필수 지출은 장기적인 시야로 대비해야 한다.

이 모든 준비는 하루아침에 되는 일이 아니다. 하지만 마음을 먹고 한 발씩 움직이기 시작하면, 어느새 길이 생긴다. 무엇보다 중요한 것은 변화에 대한 두려움보다 '준비된 적응력'을 키우는 것이다. 자신의 경제 상황을 점검하고, 필요하다면 전문가의 도움을 받는 것도 좋은 출발이다. 작은 변화부터 차근차근 시작하는 자세, 그것이 바로 웰에이징의 실질적인 출발점이 될 수 있다. 고령사회를 살아가는 지금, 우리 각자의 '두 번째 경제 설계'는 선택이 아닌 필수다. 지금부터라도 삶의 속도를 조금 늦추고, 경제를 다시 바라보며 조정하는 노력이 바로 새로운 도약의 시작이 될 것이다.

💬 **오늘부터 한 가지**

나를 위한 일 찾기

요즘 나에게 맞는 일이 뭘까 고민된다면,

고용24 홈페이지의 '성인을 위한 직업적응검사'를 활용해 보자.

(https://www.work24.go.kr > 취업지원 > 취업가이드 > 직업심리검사)

무료로 검사할 수 있고, 결과도 바로 확인할 수 있다.

나의 흥미와 성향을 살펴보는 것만으로도 진로의 방향을 잡는 데 도움이 된다.

더 궁금한 점이 있다면 국번 없이 1350, 또는 가까운 고용센터에 문의해 보자.

🌐 참고할 만한 사이트

- 교육부 평생학습포털
  https://www.lifelongedu.go.kr
- 서울런4050 중장년 프로젝트
  https://www.seoulrun.kr
- 고용노동부 공식 홈페이지
  https://www.moel.go.kr
- 고용24 (중장년 고용정보 통합포털)
  https://www.work24.go.kr
- 국민내일배움카드 신청
  https://www.hrd.go.kr
- 보건복지부 노인일자리사업 안내
  https://www.bokjiro.go.kr
- 시니어클럽 및 지역 일자리 정보
  https://www.koreasenior.or.kr
- 국민연금공단 노후준비서비스
  https://csa.nps.or.kr
- 보건복지부 기초연금 홈페이지
  https://basicpension.mohw.go.kr
- 한국주택금융공사
  https://www.hf.go.kr

10

아름다운 삶을 위한 죽음 준비

우리는 오늘도 정거장을 향해 걷습니다.

다른 세상으로 떠날 기차를 타기 위해.

어제 떠난 사람과 오늘 남은 사람의 차이점은

오늘도 걸어갈 조금의 시간을 가졌다는 것입니다.

이지선, '삶, 그 찬란한 아픔이여' 서두

이지선 시인은 고(故) 박소담 시인을 기리며 그의 유고집 맨 앞에 이런 글을 남겼다. 먼저 떠난 이를 기억하는 그 마음속에는, 시인 자신도, 그리고 이 글을 읽는 우리 모두도 언젠가 떠날 사람이라는 깨달음이 담겨 있다.

　죽음은 언제든 나 자신에게, 또 내가 사랑하는 이들에게 찾아올 수 있다. 그래서 죽음이라는 주제는 우리 인생 전체에서 중요한 자리를 차지한다. 하지만 죽음을 마주하는 일은 결코 쉽지 않다. 우리는 죽음을 생각하면 불안하고 두렵기도 하다. 그런데 다시 생각해보면, 인간은 죽음을 인식할 수 있기 때문에 그 두려움 또한 느끼는 게 아닌가. 동시에 우리는 죽음을 미리 준비할 수 있는 존재이기도 하다. 건강할 때, 젊을 때, 아직 눈앞에 죽음의 징조가 없을 때도 인간은 죽음에 대해 생각하고, 준비하고, 자신의 삶과 죽음에 대한 태도를 스스로 결정할 수 있다.

　죽음을 그저 갑작스럽게 닥치는 일이 아니라, 삶을 주체적으로 잘 마무리하고 평온하게 떠날 수 있도록 미리 준비하는 것으로 바라보는 시선이 필요하다. 그리고 그 준비는 나이와 상관없이 누구에게나 의미 있는 일이다. 요즘 '웰다잉well-dying'이라는 말이 점점 더 많이 이야기되는데, 이는 삶의 마지막을 존엄하게 맞이하고, 살아온 삶을 돌아보며 사랑하는 사람들과의 관계를 정리하고, 의미 있는 이별을 준비하는 과정을 뜻한다. 웰다잉을 위해서는 이른 시기부터 죽음을 준비하는 것이 도움이 된다. 그렇게 준비를 해두면, 오히려 앞으로 남은 삶을 더 깊고 풍요롭게 살아갈 수 있기 때문이다.

　그럼 이제 왜 죽음을 준비하는 일이 아름다운 삶을 위해 중요한지

한번 생각해 보도록 하자.

1 죽음을 준비하면 삶이 더 빛나는 이유

 죽음을 준비하는 일이 우리의 삶을 더 빛나게 만드는 이유는 여러 가지가 있다. 가장 먼저, 죽음에 대해 진지하게 생각해보는 일은 우리가 지금 살아 있는 이 순간을 더욱 소중하게 여기게 만든다. 죽음이 누구에게나 찾아오는 자연스러운 일이라는 사실을 받아들이면, 오늘 하루의 경험이 더 깊고 생생하게 다가온다. 그러면 일상 속에서 느끼는 작은 기쁨이나 감사한 마음에도 더 집중하게 되고, 삶의 의미가 또렷해진다. 결국 죽음을 의식하는 일은 삶의 우선순위를 다시 돌아보게 하고, 정말로 중요한 것에 마음을 기울이게 만든다.

 또한 죽음을 준비하는 과정은 정서적인 건강에도 도움이 된다. 누구나 죽음 앞에서 두려움이나 불안을 느낄 수 있지만 이를 외면하지 않고 준비해 나가면 마음이 훨씬 가벼워질 수 있다. 지금껏 해결하지 못한 갈등을 풀고, 미안했던 일에 용서를 구하는 것만으로도 마음의 짐이 한결 덜어진다. 이런 과정을 통해 더 평화롭고 자유로운 마음으로 남은 시간을 살아갈 수 있다. 죽음을 준비한다는 건, 결국 두려움 없이 더 온전하고 자유롭게 살아가기 위한 선택이다.

　죽음을 준비하는 일은 가족과 주변 사람들에게도 긍정적인 영향을 준다. 재정 문제나 법적 문서, 장례에 관한 계획 등을 미리 정리해 두면, 가족들은 갑작스러운 상황 속에서도 고인의 뜻을 존중하면서 혼란 없이 필요한 일을 해나갈 수 있다. 이렇게 준비해 두는 것은 남겨질 사람들에게 안정감과 위로를 주는 방법이 될 수 있고, 여생 동안 그들과 보내는 하루하루가 더 귀하게 느껴지게 한다.

　무엇보다도, 죽음에 대해 배우고 성찰하는 일은 삶을 더 깊이 이해하고 영적으로 성장하는 계기가 된다. 많은 사람들이 죽음을 준비하는 과정에서 큰 깨달음을 얻고, 자신만의 방식으로 의미 있는 마무리를 준비한다. 종교적인 관점이든 아니든, 죽음에 대한 사유는 우리를 더 높은 차원의 이해로 이끈다. 그 속에서 삶의 순환과 자연의 이치를 받아들이게 되고, 마음속에 평화와 충만함이 생긴다. 죽음을 배운다는 건 단지 나이 들어감을 받아들이는 게 아니라, 마지막 순간까지 의미 있고 충만한 삶을 살아가기 위한 중요한 과정이다.

2 죽음을 배우는 시간

죽음 준비 교육을 제공하는 기관 중 하나인 대한웰다잉협회 홈페이지에는 다음과 같은 글이 있다:

> 모든 사람들이 알고 있으면서도 모르는 척하고 모르면서도 아는 것처럼 착각하고 있는 것이 자신의 죽음에 관한 것이 아닌가 생각한다.

이 글을 읽으며, 나 또한 그렇게 살아온 건 아닌지 되돌아보게 된다. 한국은 전통적으로 죽음을 금기시하고, 공개적으로 이야기하는 것을 꺼리는 문화적 배경이 강한 사회이다. 그래서 죽음에 대해 깊이 배워보거나 생각해 볼 기회가 없었던 이들이 많고, 죽음 이야기를 꺼내는 것 자체를 두려워하거나 불편하게 여기는 경우가 많다. 실제로 한 죽음 교육 강사는 "경로당에 죽음 교육 수업하러 갔다가 30분 만에 쫓겨난 적도 있어요. 어르신들이 화를 내면서 물건을 던지시더라고요."라고 말한 적이 있다. 이처럼 우리는 죽음에 대해 깊이 생각하기보다는 피하거나 무서워하고, 준비되지 않은 상태로 맞이하는 경우가 많다.

대한웰다잉협회 홈페이지에는 또 이런 글도 있다:

예전에 우리는 잘살아 보자고 노래하면서 억척스럽게 살았다. 그러면 이제 우리는 자연스럽게 평안하게 죽어야 되는 시점인데 현대인들은 정말 비참하게 죽어가고 있음을 보게 된다.

어느 날 갑자기 사고로 중환자실에서 두려움과 고통 가운데서 외롭게 죽어가고 있다.

이제 우리는 잘 죽어 보자고 노래를 해야 할 시점이 왔다.

과거 한국 사회가 경제적 어려움을 극복하기 위해 "잘살아보자"며 공동체로 노력했던 시대가 있었다. 과거에 "잘살아보자"는 구호 아래 경제적 재건과 물질적 풍요를 위해 달려왔다면, 이제는 '잘 죽는 법'을 배우고 준비해야 한다는 것이다. 현대 한국 사회에서의 많은 죽음의 모습들이 갑작스럽고 외로운 형태로 나타나고 있고, 이를 극복하기 위해서 죽음에 대한 준비와 논의가 절실히 필요하다.

죽음 준비 교육 사례

다행히 최근 한국에서도 죽음을 준비하는 교육 프로그램들이 조금씩 활성화되고 있다. 부산의 한 마을건강센터에서는 '내 생각대로

사死는 법'이라는 프로그램을 운영했는데, 주요 내용을 정리하면 다음과 같다.

회차	주제	주요내용	활동내용
1	더 머무르고 싶은 이곳에서	죽음준비교육으로의 초대 마지막 선물: 호스피스	비디오 시청 사전 평가
2	내가 함께 했던 것들과의	나의 인생 회고의 시간	인생 나무 그리기
3	마지막 인사를 나누고	영화 속 임종 체험	비디오 시청
4	삶, 그 너머의 삶을	영원한 세계 산책	강의
5	준비합니다	법률적 문제 상담(상속/증여/유언) 사전연명의료의향서	질의응답 사전연명의료의향서 작성
6	또 하나의 씨앗을 품고	삶에 대한 재발견	수료식 장수사진 증정

(출처: 부산광역시 블로그, https://blog.naver.com/cooolbusan)

이와 같은 프로그램은 죽음을 이해하는 시간을 마련하고, 실제로 준비할 수 있는 구체적인 내용을 함께 담고 있다. 영상 시청, 그림 그리기, 문서 작성, 강의 등 다양한 방식으로 죽음에 대한 감정적,

법적, 영적 준비를 도울 수 있도록 구성되어 있다. 교육을 통해 우리는 죽음을 성찰하며, 동시에 삶을 다시 바라보는 계기를 얻게 된다.

조금 더 폭넓은 주제를 다루는 죽음 준비 교육으로는 '행복한 죽음 웰다잉 연구소'의 커리큘럼이 있다. 이 프로그램은 강의와 활동을 병행하며 죽음에 대한 이해를 넓히는 데 중점을 둔다.

이런 프로그램을 통해 '좋은 죽음'을 맞이하기 위해 무엇을 알아야 하고 어떻게 준비해야 하는지에 대해 배우게 된다. 그리고 중요하게는, 단순히 죽음을 준비하는 것을 넘어, 삶의 마지막까지 어떻게 더 행복하고 의미 있게 살아갈 수 있을지 함께 고민하고 나누는 데 큰 초점을 둔다. 위의 커리큘럼에서 언급된 사전(연명)의료의향서와 사전장례의향서에 대한 내용은 뒤에서 좀 더 자세히 알아보자.

이런 죽음 준비 교육을 직접 경험해 보고 싶다면, 인터넷 포털 사이트에서 '웰다잉 교육', '죽음 교육', '죽음 준비 교육' 같은 키워드로 검색하거나 가까운 노인복지관 등에 문의해 보는 것이 좋다. 관련 서적을 읽거나 유튜브에서 강연을 찾아보는 것도 좋은 시작이 될 수 있다.

웰다잉 교육 프로그램(출처: 행복한 죽음 웰다잉 연구소 홈페이지)

회기	주제	내용	구분
1	왜 웰다잉을 공부해야 할까요?	웰다잉 교육의 필요성과 이해	필수(강의)
2	죽음이란 무엇일까요?	죽음에 대한 종교적, 시대적, 현상적 정의	필수(강의)
3	죽음 너머엔 뭐가 있을 까요?	죽음 이후의 삶, 영혼, 사후세계에 대한 논의	필수(강의)
4	인간답게 죽을 수 없을까요?	인간다운 죽음을 위한 준비, 사전의료의향서	필수(강의)
5	품위 있는 죽음의 완성, 호스피스	호스피스의 필요성과 이해	필수(강의)
6	나는 누구인가요?	미술활동을 통한 나 살펴보기	선택(활동)
7	나의 고향은 어디인가요?	미술활동을 통한 나의 정체성 되돌아보기	선택(활동)
8	아름다운 나의 손	미술활동을 통한 나의 삶 되돌아보기	선택(활동)
9	내 인생 꽃피우기	미술활동을 통한 나의 자존감 향상	선택(활동)
10	함께 식사를 해요	미술활동을 통한 감사의 인사 전하기	선택(활동)
11	보석함을 남겨요	미술활동을 통한 유산과 나눔	선택(활동)
12	마음으로 용서하기	마음의 이해, 나 그리고 상대방을 용서하기	선택(활동)
13	마음튼튼, 마음챙김명상	마음챙김 명상을 통한 마음건강 챙기기	선택(활동)
14	유언장, 어떻게 작성해야 할까요?	유언장 작성방법 안내	선택(활동)
15	나의 장례희망은?	내가 준비하는 장례식, 사전장례의향서	선택(활동)
16	당신을 기억합니다	사별과 애도에 대한 이해와 실천	선택(활동)
17	쓸쓸하고 외로운 죽음, 고독사	고독사에 대한 이해와 예방을 위한 실천, 준비	선택(활동)
18	슬프고 아픈 죽음, 자살	자살하면 안 되는 이유, 자살하면 일어나는 일들	선택(활동)
19	잘 물든 단풍은 봄꽃보다 아름답다	행복한 노년을 위한 실천과 마음 가짐	필수(강의)

집에서의 임종과 장례에 대한 교육

사람은 누구나 언젠가 마지막 순간을 맞이하게 된다. 그런데 어디에서, 누구와, 어떤 모습으로 그 시간을 보내고 싶은지는 사람마다 다를 것이다. 누군가는 병원의 전문적인 돌봄 속에서 편안히 떠나기를 원하고, 또 다른 누군가는 익숙한 자신의 집, 사랑하는 가족의 손길을 느끼며 조용히 눈을 감고 싶어할지도 모른다.

한국에서는 대부분의 사람들이 병원이나 시설에서 임종을 맞이한다. 의료기기와 전문 인력이 있는 곳이니 안심이 된다는 이유도 있겠지만, 동시에 집에서 임종을 맞이해도 되는지, 그러면 어떻게 해야 하는지를 잘 모르기 때문에 병원을 선택하는 경우도 많다.

집에서 임종을 준비한다는 것은 단지 장소의 문제가 아니다. 오랜 시간 함께한 공간에서, 사랑하는 사람들과 눈을 맞추며 삶을 마무리하고자 하는 깊은 바람이 담겨 있다. 하지만 이런 따뜻한 바람이 현실이 되기 위해서는, 우리가 미리 알아두어야 할 것들도 있다.

예를 들어, 누군가가 집에서 임종을 맞이했을 때, 평소에 지병이 있었다면 왕진이 가능한 의사를 직접 불러 사망을 확인받고, 사망진단서를 발급받을 수 있다. 반면, 지병이 없었던 경우에는 사망 원인을 명확히 하기 위해 경찰(112)에 신고해야 하며, 검시나 부검 절차를 거쳐 사인을 확인하게 된다. 사고로 사망한 경우에도 경찰 신고가 필요하다. 한편, 아직 숨이 붙어 있는 위중한 상황이라면, 112가 아닌 119에 연락해 병원으로 이송하여 의료 처치를 받는 것이 우선이다.

또한 임종 전에 준비해야 할 일반적인 사항들을 미리 알아두면 갑작스러운 상황에서도 침착하게 대응할 수 있고, 떠나는 이와의 이별을 온전히 마주할 수 있는 시간이 된다. 아래는 한국장례문화진흥원에서 안내하는 임종 전 준비 목록이다.

1. 유언장(녹음 유언 등), 영정 사진(파일) 준비
2. 신분 확인 증명 서류(주민등록증, 주민등록 등·초본 등)
   ※ 주민등록번호 모두 표기, 주소지 변경 이력 사항 포함하는 것이 좋음
3. 장례 장소 선택(가정, 전문업체 등)
   ※ 전문업체(장례식장, 상조 등)을 이용 시 사전 확인(시설·가격 등) 후 이용 계약 체결
4. 장례 방법 결정(매장, 화장(화장후 자연장, 봉안, 산골 등) 선택)
5. 부고 알림 준비(문상객 연락처, 문상 예상 인원 등)
6. 수의(평상복, 한복, 삼베 등) 및 상복 준비
7. 사전 장례 의향서 작성 및 가족 간 공유

한편, 장례는 흔히 장례식장에서 치르는 것으로 여겨지지만, 사실 집에서도 장례를 치를 수 있다. 고인과 유가족 모두에게 익숙하고 편안한 공간인 집에서 마지막 시간을 보내는 것이다. 유가족이 직접 준비할 수 있고, 장례지도사나 상조 회사의 도움을 받아 함께 진행할 수도 있다.

집에서 장례를 치르게 되면 빈소 사용료나 안치료 등 장례식장에서 발생하는 여러 가지 비용을 줄일 수 있다는 경제적인 장점도 있지만, 그것보다 더 중요한 것은 정서적인 의미다. 사랑하는 사람의 마지막을 가까이에서 지켜보며, 충분히 슬퍼하고, 마음껏 작별 인사를 나눌 수 있는 시간과 공간이 주어진다는 점이다. 병원의 분주함이나 장례식장의 형식적인 분위기에서 벗어나, 익숙한 공간 안에서 손을 잡아주고, 마지막 말을 건네고, 조용히 눈물을 흘리는 그 과정은 사별 이후의 치유에도 큰 도움이 된다.

만약 집에서의 임종이나 장례에 관심이 있다면, 먼저 인터넷을 통해 관련 정보를 차분히 찾아보는 것부터 시작해 보자. 예를 들어 '엔딩연구소' 웹사이트에서 '집에서 장례 치르기'라는 키워드로 검색하거나, 한국장례문화진흥원 홈페이지에서 '장사정보마당' 메뉴 아래 '장례 절차' 중에서 '가정에서의 장례 절차'를 참고하면 실제적인 도움이 될 것이다.

3 떠날 나와
남겨질 이들을 위한 준비

서류 준비

죽음을 준비하는 과정에는 재산 및 재정 계획, 중요 서류 정리, 장례 준비가 포함된다. 이런 실질적인 준비는 남은 가족에게 부담을 덜어줄 뿐 아니라, 우리 스스로 삶의 마지막 순간을 보다 평온하고 존엄 있게 맞이할 수 있도록 돕는다는 점에서 웰에이징의 중요한 일부이다. 많은 사람들이 죽기 전에 준비해야 할 서류라고 하면 유언장을 가장 먼저 떠올린다. 여기에 더해 사전연명의료의향서와 사전장례의향서를 함께 준비해 두면 남겨진 가족에게 큰 도움이 된다.

<u>유언장</u>은 주로 사후 재산 및 재정과 관련된 계획을 문서화하기 위해 사용한다. 이를 통해 본인의 뜻에 따라 재산을 나누거나 중요한 결정을 미리 정해둘 수 있다. 예를 들어 자녀와 손주에게 유산을 나누어 줄지, 아니면 기부할지를 선택할 수 있다. 유언장은 법률 전문가의 조언을 받아 작성하는 것이 좋으며, 법적 효력을 갖기 위해서는 몇 가지 요건을 반드시 충족해야 한다. 이름, 주민등록번호, 주소, 날짜 등 기본 정보를 꼭 포함해야 하며, 임종 방식, 장례 방식,

자산 및 금융 정보, 유산 배분 계획, 남기고 싶은 말 등을 작성할 수 있다.[1] 자필 유언장은 유언자가 직접 내용을 쓰고 연월일, 주소, 성명을 적은 뒤 날인해야 하며, 별도의 공증 없이도 법적 효력을 가진다.[2] 반면, 컴퓨터로 작성한 유언장은 공증이 필요하다. 음성과 영상으로 기록된 유언은 공증 없이도 법적 효력을 인정받을 수 있다. 유언의 방식에는 자필증서, 녹음, 공정증서, 비밀증서, 구수증서의 다섯 가지가 있으며, 각 방식마다 요구되는 절차가 다르다. '찾기쉬운 생활법령정보' 웹사이트 easylaw.go.kr에서 이 다섯 가지 유언 방식을 비교해보고, '유언 시 체크리스트' 항목도 함께 확인해 보면 도움이 된다.

사전연명의료의향서는 자신이 임종 과정에 있는 환자가 되었을 때를 대비하여 연명의료의 중단 여부와 호스피스 이용에 관한 본인의 의사를 미리 밝혀두는 문서이다. 19세 이상이면 누구나 작성할 수 있지만, 집에서 혼자 작성할 수 있는 것은 아니다. 보건복지부가 지정한 사전연명의료의향서 등록기관을 직접 방문해 설명을 듣고 작성해야 하며, 작성된 의향서는 연명 의료 정보처리시스템에 등록되어 법적 효력을 갖는다. 언제든지 철회하거나 변경이 가능하며, 국립연명의료관리기관 웹사이트에서는 작성 방법, 등록 기관 정보, 유

---

1 '죽음을 준비하는 사람들', 〈중앙일보〉, 2016.03.06.
2 민법 제1066조.

의사항 등을 상세히 안내받을 수 있다. 이 문서는 환자의 자기 결정권을 존중하고 무의미한 연명의료로 인한 고통을 줄이기 위한 제도로, 삶의 마지막을 스스로 준비한다는 점에서도 그 의미가 크다.

사전장례의향서는 법적 효력은 없지만, 자신이 원하는 장례 방식과 절차를 미리 정리해 두는 일종의 가이드라인 역할을 한다. 예컨대 사단법인 한국골든에이지포럼에서는 2012년부터 사전장례의향서 양식을 제작해 배포해 왔다.

생전에 작성된 장례의향서에는 부고 방식, 장례 형식, 부의금 및 조화에 대한 요청, 음식 대접, 염습, 수의, 관, 시신 처리 방식 등 구체적인 내용을 포함할 수 있다. 가능한 한 구체적으로 본인의 희망 사항을 적어두면, 유족이 이를 참고해 고인의 뜻에 맞는 장례를 치를 수 있다. 이는 장례 준비 과정에서 가족 간의 갈등이나 혼란을 줄이는 데도 도움이 된다.

사전장례의향서에서 '화장하는 경우 유골은' 항목에는 '봉안장', '자연장', '해양장'의 선택지가 있다. 봉안장은 화장 후 납골당 등에 유골을 모시는 방식이고, 자연장은 골분을 수목 등에 뿌리거나 수목 아래의 흙과 섞어 함께 장사를 지내는 방식이다. 해양장은 바다에 유골을 뿌리는 장례를 말한다. 이처럼 자연이나 바다 등에 유골을 뿌리는 방식은 '산분장'이라고도 하며, 보건복지부는 2025년부터 산분장을 제도화하여 산분장이 가능한 곳의 범위를 지정하였다.

사전장례의향서(事前葬禮意向書)

나에게 사망진단이 내려진 후 나를 위한 여러 장례의식과 절차가
내가 바라는 형식대로 치러지기를 원해 나의 뜻을 알리고자
이 사전장례의향서(事前葬禮意向書)를 작성한다.

나를 위한 여러 장례의식과 절차는 다음에 표시한대로 해 주기 바란다.

1. 기본 원칙
(1) 부고
 (1).1 나의 죽음을 널리 알려 주기 바란다.( )
 (1).2 나의 죽음을 알려야 할 사람에게만 알리기 바란다.( )
 (1).3 나의 죽음은 장례식 끝치르고난 후에
    알려주기 바란다.( )

(2) 장례식
 (2).1 우리나라 장례문화를 바르게 이해하고 전통문화를
    계승하는 차원에서 해주기 바란다.( )
 (2).2 나의 장례는 가급직 간소하게 치르기 바란다.( )
 (2).3 나의 장례대는 가족과 친지들만이 보여지도록 바란다.( )

2. 장례 형식
 2.1. 전통(유교)식( ) 2.2. 천주교식( ) 2.3. 기독교식( )
 2.4. 불교식( ) 2.5. 기타(지정)( )

3. 부의금 및 조화
 3.1 관례에 따라 하기 바란다.( )
 3.2 일체 받지 않기 바란다.( )

4. 음식대접
 4.1 음식능을 잘 대접해주기 바란다.( )
 4.2 간단하더라도 정성스럽게 대접해주기 바란다.( )

5. 염습
 5.1 정해진 절차에 따라 해 주기 바란다.( )
 5.2 하시 말기 바란다.( )

6. 수의
 6.1 사회적 인위상에 맞는 전통 수의를 입혀 주기 바란다.( )
 6.2 검소한 전통 수의를 선택해주기 바란다.( )
 6.3 내가 평소에 즐겨 입던 옷으로 대신해주기 바란다.( )

7. 관
 7.1. 사회적 위상에 맞는 관을 선택해주기 바란다.( )
 7.2. 소박한 관을 선택해주기 바란다.( )

8. 시신 처리
 8.1 화장해주기 바란다.( )
 8.2 매장해주기 바란다.( )
 8.3 내가 이미 약정한대로 후적연구 및 활용목적으로
   기증하기 바란다.( )

<화장하는 경우 유골은>
 ① 봉안장( ) ② 자연장( ) ③ 해양장( )
 ④ 기 타( )

<매장하는 경우>
 ① 공원묘지( )
 ② 선산(先山)( )
 ③ 기 타( )

9. 삼우제와 사구재
 8.1 격식에 맞추어 무르데 주기 바란다.( )
 8.2 가족끼리 추모하기 바란다.( )
 8.3 하지 말기 바란다.( )

10. 기타
 영정사진, 제단 장식, 배경음악 등에 대한 나의 의견

_____
_____
_____

이상은 장례의식과 절차에 대한 나의 바람이니 이를 꼭 따라 주기 바란다.

    년   월   일

  작성자 이름   서명

(출처: 한국골든에이지포럼)

해안선으로부터 5km 이상 떨어진 해역(수산자원보호구역 제외), 묘지, 화장 시설, 봉안 시설, 자연장지 등으로 한정되어 있다.[3]

사전장례의향서 그림 예시를 참고하여 자신만의 사전 장례의향서를 만들어 볼 수 있다. 장례식이 반드시 전통적이고 엄숙할 필요는 없다는 점도 고려해 보자. 고인이 생전에 즐겼던 음악을 틀거나 좋아했던 음식을 나누며 따뜻하고 개성 있는 분위기에서 치러지는 장례도 점차 늘고 있다. 이렇게 본인의 삶을 반영한 장례식을 미리 기획해 두는 것은, 남겨진 사람들에게도 고인을 유쾌하고 따뜻하게 기억할 수 있는 계기가 된다.

기타 중요한 서류들도 가족들이 쉽게 찾을 수 있도록 한곳에 모아 정리해 두는 것이 좋다. 앞서 언급한 서류 외에도 재산 목록, 보험 증서, 은행 계좌 정보, 부동산 관련 서류 등을 정리해 두면 도움이 된다. 최근에는 디지털 자산 관리도 중요하다. 컴퓨터 및 휴대전화 비밀번호, 소셜 미디어 계정 정보, 온라인 구독 서비스 계정 등에 대한 정보를 남겨 두면, 사후에 가족들이 계정을 닫거나 정리하는 데 큰 도움이 된다. 이처럼 세심한 준비는 남은 가족이 어려운 시간을 보다 수월하게 견뎌내는 데 기여한다.

---

3 "'죽으면 자연으로 돌아갈래'…유골 뿌리는 '산분장', 국토의 묘지화 막을까", 〈서울신문〉, 2024.12.02.

생전 유품 정리

한편, 유품을 비롯한 소지품 정리도 생전에 할 수 있다. 어떻게 할 수 있고 그 의미는 무엇일까? 스웨덴의 '데스 클리닝Death Cleaning'을 통해 그 힌트를 얻어보자.

데스 클리닝은 스웨덴 작가 마르가레타 매그누손Margareta Magnusson의 베스트셀러 〈스웨덴식 죽음 정리의 섬세한 예술The Gentle Art of Swedish Death Cleaning〉을 통해 세계 여러 나라에 알려졌다. 데스 클리닝은 쉽게 말해, 살아 있는 동안 죽음을 준비하며 자신의 물건들을 하나하나 줄여 나가는 것을 말한다.

마르가레타는 이 책에서 소지품과 삶을 정리하고 단순화함으로써, 죽은 뒤 가족이나 사랑하는 이들에게 남길 짐과 정신적 부담을 덜 수 있을 뿐 아니라, 살아 있는 동안 더 가볍고 즐거운 삶을 살 수 있다고 이야기한다. 그녀는 자신의 물건들을 정리하면서, 진정 소중한 것은 물건이 아니라 자신이 사랑하는 사람들과 함께 나눈 순간임을 깨달았다고 한다. 친구들과 함께 소지품 정리를 해보니, 죽음을 준비하는 시간이 결코 두렵기만 한 게 아니라 오히려 치유의 시간이 될 수 있다는 것도 알게 되었다.

죽음 정리를 하다 보면 물리적인 공간뿐 아니라 마음에도 여유가 생긴다. 자주 쓰고 꼭 필요한 물건만 곁에 두고 살면 삶이 더 간소하고 만족스러워지는 것이다. 정리라는 행위는 단순히 물건을 버리는 일이 아니라, 남겨질 사람들을 위한 배려이자 사랑의 실천이 된다. 정리하는 과정에서 가족이나 친구와 함께 이야기를 나누며 추억을 되새기는 시간도 의미가 깊다. 죽음 정리는 결코 혼자 할 필요 없다. 가족이나 이웃, 친구들과 함께하면 훨씬 더 따뜻하고 즐거운 경험이 될 수 있다.

KBS 뉴스에서도 실제 사례를 소개한 적이 있다.[4] 80대 중반의 한 스웨덴 여성은 친구와 함께 죽음 정리를 하고 있었다. 그녀는 오랫동안 보관해왔던 책들을 정리하면서 마음이 편안해졌고, 시간이 날 때마다 조금씩 집안 물건을 정리한다고 했다. 이미 한 번 정리를 끝냈다고 해도, 살다 보면 새 물건이 계속 생기기 때문에 주기적인 정리가 필요하다는 점도 강조했다.

죽음 정리를 할 때는 가구처럼 큰 물건부터, 그리고 점점 작은 물건으로 옮겨 가며 정리하는 것이 좋다. 몇 해가 지나도 손에 닿지 않았거나, 더는 필요하지 않은 물건들은 다른 사람에게 주거나 기부하거나, 재활용하는 식으로 떠나보낼 수 있다. 꼭 필요한 물건이 아니라면, 간직할지 처분할지 정하는 기준은 그 물건이 행복을 느끼게 하느냐 하는 것이다. 추억을 불러오는 물건이라면 곁에 두고, 그렇

---

4 '죽음을 대비하는 청소 '데스 클리닝'', 〈KBS뉴스〉, 2021.11.04.

지 않다면 정리해도 좋다.

물건을 정리하는 것이 어려울 때, 예를 들어 한때 잘 사용했지만 지금은 쓰지 않는 물건이 있다면, 마지막으로 그 물건과 함께하는 시간을 갖고 고마움을 표현한 뒤 정리하는 것도 한 방법이다. 그렇다면 죽음 정리는 언제 시작하면 좋을까? 마르가레타는 정해진 때는 없지만 너무 늦기 전에, 조금 일찍 시작할 것을 권한다. 은퇴 후나 자녀가 독립한 시기가 특히 좋은 시점이라고 말한다.

한국에서는 사후 유품 정리라고 부르며, 죽음 뒤에 하는 행위로 여기고 삶과는 동떨어진 것이라 여겼던 죽음 정리. 하지만 이제는 생전에 소지품을 정리하며, 수많은 물건들 사이에 가려졌던 진짜 소중한 기억을 되새기고, 내 삶을 돌아보며, 사랑하는 사람들과의 관계를 더 깊게 다질 수 있는 기회로 여겨질 수 있다. 죽음 정리는 물질적인 소유보다는 사람들과의 관계와 추억이 얼마나 소중한지를 다시금 일깨워 준다.

서류 정리나 유품 정리처럼 죽음을 위한 실제적인 준비는 우리에게 삶에 대한 더 큰 통제감을 주고, 주변 사람들과의 관계도 더욱 돈독하게 만들어 준다. 이런 준비는 죽음을 피하려는 것이 아니라, 오히려 더 나은 삶을 살기 위한 결단이기도 하다. 그리고 사랑하는 사람들에게 줄 수 있는 가장 따뜻한 선물 중 하나가 된다.

한편, 내 물건을 정리하는 것도 중요하지만, 남겨질 이들을 위해 어떤 '의미 있는 것'을 남길지 생각해 보는 것도 중요하다. 앞서 이야기한 재정적인 서류나 법적인 문서도 필요하지만, 때로는 더 깊은 울림을 주는 무언가가 될 수도 있다. 예를 들어, 가족이나 친구, 연인에게 전하고 싶은 마음을 담은 편지를 써보는 건 어떨까? 짧은 글 한 장이 평생 남을 위로와 지혜가 될 수 있다.

또한, 소박한 자서전을 써보는 것도 좋은 방법이다. 자신의 삶을 되돌아보고 기록하는 이 작업은, 지나온 시간에 감사하고 스스로를 더 사랑하게 되는 계기가 될 수 있으며, 가족들에게는 귀중한 유산이 된다. 이처럼 죽음을 준비하면서, '어떻게 기억될 것인가'를 고민해 보는 것도 삶을 더 풍요롭게 만드는 과정이 될 수 있다.

4 마음으로 마무리하는 연습

죽음을 준비하는 과정에서 감정적이고 영적인 준비는 꼭 필요하다. 이는 단순히 물질적인 정리를 넘어, 마음의 평화와 삶에 대한 깊은 이해를 찾아가는 여정이다. 다시 말해, 풀리지 않은 감정을 마주하고 관계를 회복하는 일은 내면에 고요함을 가져다준다. 많은 사람들이 이 과정을 통해 스스로 성장하고, 삶의 의미를 새롭게 발견한다. 감정적인 해방과 영적인 성찰은 죽음을 단지 두려움의 대상으로 바라보는 것이 아니라, 오히려 삶을 더욱 충만하게 만들어 주는 기회로 전환시킨다.

죽음을 마주하는 일은 사람을 변화시키고 성장하게 한다. 처음에는 죽음이라는 생각 자체가 무섭고 낯설게 느껴질 수 있지만, 점차 이를 받아들이는 과정에서 삶을 더 깊이 있게 살아가게 된다. **죽음을 받아들이는 것**은 단순히 운명을 수긍하는 것이 아니라, 삶의 매 순간을 더욱 의미 있게 만들어 가는 일이다. 죽음을 온전히 받아들인 사람들은 현재에 집중하며, 중요한 가치에 따라 살아간다. 의미 있는 활동에 시간을 쓰고, 순간순간을 감사한 마음으로 채운다. 죽음을 받아들인다는 것은 두려움으로부터 자유로워지는 길이며, 언젠가 반드시 찾아올 그날에 대한 불확실성을 내려놓고 지금 이 순간을 더 온전히 살아가는 데 도움이 된다. 그것은 삶에서 진정 중요한 것에 집중하게 하고, 불필요한 갈등이나 후회를 놓아주는 힘이 된다. 결국 죽음을 수용하는 것은 무거운 짐을 내려놓는 일이며, 남은 시간을 더 자유롭고 가치 있게 살게 하는 과정이다.

감정적인 준비의 또 다른 중요한 측면은 **놓아주는 여정**이다. 죽음을 앞두고 쌓아온 소유물이나 미해결된 감정을 내려놓는 일은 큰 의미가 있다. 많은 사람들이 평생 물건이나 감정을 움켜쥐고 살아가지만, 삶의 끝자락에서 이를 놓아줌으로써 진정한 해방을 경험한다.

예를 들면, 과거의 후회나 미련을 정리하는 일이 그렇다. 이러한 감정적 정리는 마음을 자유롭고 가볍게 만들고, 주변 사람들과 더 깊이 있는 관계를 맺을 수 있도록 돕는다.

또한, **관계를 회복하고 화해**하는 과정은 죽음을 준비하는 데 중요한 부분이다. 사람은 살아가며 다양한 관계 속에서 상처를 받거나 상처를 주곤 한다. 이 상처들을 치유하는 일은 남은 삶을 평화롭게 만들어 준다. 예를 들어, 오랫동안 소원했던 가족에게 마음을 담아 편지를 쓰거나, 친구에게 진심으로 사과하는 일은 죽음을 앞둔 이들에게 마음의 짐을 덜어주는 역할을 한다. 이 과정은 사랑과 감사의 마음을 표현하는 시간이기도 하며, 관계를 다시 연결하고 깊게 만들어 준다. 이러한 관계 회복은 앞서 이야기한 '놓아주는 여정'과 닮아 있지만, 큰 차이점은 '나 혼자'가 아니라 '다른 사람과 함께' 실천한다는 데 있다.

이러한 감정적 준비는 혼자서 할 수도 있지만, 필요하다면 심리 상담이나 그룹 모임을 통해 도움을 받을 수 있다. 혼자 하는 경우에도 음악, 미술, 자연과의 교감 등을 통해 마음을 다스릴 수 있다. 예를 들어, 미술은 복잡한 감정을 표현하고 정리하는 데 도움이 되고, 음악은 마음을 안정시키며 치유의 효과를 준다. 어떤 이들은 숲이나 바다에서 시간을 보내며 감정을 정리하고 내면의 고요를 찾는다. 자연의 순환은 죽음과 재생을 동시에 상징하며, 죽음이 또 다른 시작이 될 수 있다는 깨달음을 준다. 이런 다양한 감정적 회복의 방법을 통해 우리는 죽음에 대한 두려움을 덜고, 삶의 마지막을 좀 더 평화롭게 맞이할 수 있다.

죽음을 준비하는 데 **영적 실천** 또한 중요한 요소이다. 이 실천은 각자의 종교적 신념이나 영적인 관심에 따라 다양하게 나타난다. 불교에서는 죽음 명상을 통해 무상함과 삶의 덧없음을 받아들이는 법을 배운다. 기독교에서는 기도를 통해 내세에 대한 희망과 신과의 관계를 다진다. 종교적 신념이 없는 이들도 명상, 요가, 자연과의 교감 등을 통해 죽음에 대해 성찰할 수 있다. 또, 일기를 쓰며 자신의 삶을 돌아보고 감사와 후회를 정리하는 것도 강력한 영적 실천의 한 방식이다. 자신의 삶을 돌아보고 감사할 점과 후회하는 점을 기록하면서 내면의 평화를 찾을 수 있기 때문이다.

한편, **마음 챙김**은 현재의 순간에 완전히 몰입하는 실천이다. 누구나 맞이하게 되는 죽음을 앞두고, 우리는 과거의 후회나 미래의 불안을 내려놓고 지금 이 순간을 음미할 필요가 있다. 마음 챙김 명상은 이런 태도를 키우는 데 큰 도움이 된다. 매일 몇 분간 호흡에 집중하거나, 걷는 중에 바람 소리와 새소리를 귀 기울여 듣는 것만으로도 현재와 깊게 연결될 수 있다. 이는 스트레스를 줄이고 마음을 평온하게 하며, 삶을 더욱 풍요롭게 느끼게 해준다. 마음 챙김을 통해 우리는 단순히 살아가는 것이 아니라, 삶의 매 순간을 진심으로 살아가게 된다.

　죽음을 준비한다고 해서 삶의 기쁨을 포기해야 하는 것은 아니다. 오히려 그 반대이다. 죽음을 앞에 두고도 우리는 **기쁨을 추구할** 수 있다. 나이가 들수록 새로운 취미를 찾고, 미지의 세계를 향해 떠나는 일은 삶을 더 다채롭고 흥미롭게 만든다. 그동안 해보지 못했던 미술, 악기, 스포츠 등을 배우는 이들도 많다. 이런 배움과 성취의 기쁨은 늦은 나이에도 삶에 활력을 불어넣는다. 죽음을 준비하면서도 여전히 무언가에 열정을 쏟는 일은 우리로 하여금 남은 인생을 더 깊이 사랑하게 한다. 이 과정에서 우리는 시간이 얼마나 소중한지를 다시 깨닫고, 그 시간을 마음껏 누릴 수 있게 된다. 결국, 죽음을 준비하는 일은 단지 미래를 대비하는 것이 아니라, 현재를 더 충만하게 살아가는 법을 배우는 시간이 된다. 죽음을 직면할 때 우리는 일상의 사소한 순간들조차 더 큰 의미로 다가오며, 사랑과 열정도 더욱 깊이 느끼게 된다.

　죽음을 준비하는 길 위에서 우리는 뜻밖의 선물들을 만나게 된다. 평소에는 미처 느끼지 못했던 가족과 친구들의 사랑, 인생의 소중함, 그리고 현재에 대한 감사가 그 예이다. 이런 의미에서 이 장의 마무리는 고故 박소담 시인의 시 '감사하는 마음으로'로 대신하고자 한다. 이 장의 첫머리에 언급했던 것처럼, 우리보다 먼저 삶을 떠난 이가 남긴 글을 통해 아직 남아 있는 우리가 어떻게 살아갈 것인지를 다시 성찰해 보자는 의미이다.

하늘을 바라볼 수 있는 것만으로도 감사해야지. 햇빛을 보는 것만으로도 감사하자.
이 세상에 태어난 것만으로도 감사하자. 내가 이 순간 살아있음을 감사하자. 사랑하는 사람이 있다는 것 감사하자.
바라는 꿈과 소망은 너무 멀리 있다. 그러나 감사로 접근한다면 내 곁에 가까이 느낄 수도 있다. 노래를 불러라. 숨을 깊게 들이마시고 먼 곳을 바라보라. 처음이고 마지막인 내 삶을 위해 무언가 열심히 해 보라. 무엇인가를 남겨 놓아야 하지 않는가.

💬 오늘부터 한 가지

이 질문에 답해 보자:

"어떻게 살아야 보람 있게 살다 갈 것인가?"

스스로 이런 질문을 던져보는 순간

삶에서 정말 중요한 것이 무엇인지 떠오르기 시작한다.

지나온 나를 돌아보고, 지금의 나를 살피고,

앞으로의 방향을 그려보는 작은 성찰이

더 의미 있는 삶으로 이끄는 첫걸음이 된다.

 참고할 만한 사이트

- 국립연명의료관리기관
  lst.go.kr
- 한국장례문화진흥원
  www.kfcpi.or.kr/
- 대한웰다잉협회
  www.daehanwelldying.org
- 엔딩연구소, '집에서 장례 치르기'
  https://ending.co.kr/entry/집에서-장례치르기

에필로그
나의 항해를 위하여

살아온 시간이 쌓이면, 어느 순간 우리는 스스로를 잃어버린 듯한 기분이 들 때가 있다. 지나온 날들의 무게가 마음을 짓누르고, 나를 바라보는 시선도 점점 흐려진다. 하지만 이 책과 함께 걸어온 여정 속에서 우리는 조금씩 알게 되었다. 나이 든다는 자각은 끝이 아니라, 새로운 삶의 시작이 될 수 있다는 것을.

우리는 몸과 마음을 돌보는 법을 익히고, 따뜻한 관계의 힘과 세대 간 이해의 소중함을 나누었다. 디지털 세계와 예술, 취미, 여행이 삶에 어떻게 기쁨을 더해주는지도 살펴보았다. 사회에 참여하고 다양한 여가 활동을 즐기며 활기차고 주체적인 삶을 어떻게 이어갈 수 있을지도 함께 고민했다. 그리고 마침내, 인생의 마지막을 준비하는 지혜까지 마주했다.

삶이 유한하다는 사실은 오히려 축복일 수 있다. 끝이 있기에 오늘 하루가 더욱 귀하고, 그 하루를 의미있게 만드는 일은 결국 우리 각자의 몫이다. 그 출발점은 지금 이대로의 나를 수용하고 인정하는 데 있다. 변화는 자기 부정이 아니라, 자신을 있는 그대로 바라보는 데서부터 시작된다. 후회보다는 수용, 불안보다는 관찰자로 삶을 다시 들여다볼 수 있을 때, 우리는 또 한걸음을 내딛을 수 있다

삶은 관점의 문제이기도 하다. 같은 하루라도 어떤 시선으로 바라보느냐에 따라 전혀 다른 색을 띠게 된다. 우리는 흔히 나이가 들수록 가능성이 줄어든다고 생각하지만, 실제로는 지금 이 순간이 앞으로의 삶을 어떻게 살아갈지를 새롭게 설계할 수 있는 가장 좋은 시기이기도 하다. 미래는 아직 결정되지 않았고, 지금의 선택과 태도가 그 방향을 바꿀 수 있다. 그러기 위해서는 나를 위한 시간을 의식적으로 확보하고, 작은 시도 하나하나로 삶의 풍경을 조금씩 바꾸어 나가자. 지금 가능한 것들 속에서 미래를 다시 그려보자. 삶은 점차 나를 중심으로 정돈되고, 그 중심에서 다시 나를 만나는 기쁨을 누릴 수 있다.

그리고 잊지 말자. 우리는 혼자가 아니다. 관계는 삶의 마지막까지 우리를 지탱하는 큰 힘이 된다. 힘들고 외로운 순간에도 손을 내밀면 함께 걸어줄 누군가가 있고, 우리 역시 누군가의 든든한 동행이 될 수 있다. 새로운 친구를 사귀고, 새로운 것을 배우고, 새로운 길을 떠나는 일은 결코 늦지 않았다. 나이는 숫자일 뿐, 삶의 가능성은 여전히 우리 앞에 열려 있다.

나이가 들수록 삶은 단순한 직선이 아니라, 부드럽고 깊이 있는 곡선을 그리며 흘러간다. 속도는 조금 느려질 수 있어도, 그 곡선은 훨씬 넓고 풍요롭게 펼쳐진다. 삶의 끝을 더 선명하게 바라볼수록, 지금 이 순간의 빛도 더욱 또렷하게 느껴진다. 지금까지 당신이 쌓아온 삶의 지혜는 앞으로의 여정을 위한 든든한 밑바탕이 될 것이다. 그리고 이 책에서 함께 나눈 이야기가 그 여정에 한 줄기 온기와 색을 더해주기를 진심으로 바란다.

이제 우리는 저마다의 속도로 바다를 항해하는 선장이 되었다. 항로는 정해져 있지 않다. 때로는 잔잔한 바다를 지나기도 하고, 예상치 못한 거센 바람을 마주하기도 할 것이다. 언젠가 인생의 닻을 내릴 그 순간까지, 삶이라는 항해는 계속된다. 우리 모두에게는 다시 살아갈 시간이 있다. 지금 이 순간부터, 나만의 속도로, 나만의 방식으로 앞으로 나아가자.

나이 듦의 기술: 웰에이징의 10가지 시크릿

초판 1쇄 발행 2025년 10월 2일

지은이 김정주 유현옥 정홍인

편집/디자인 공홍
마케팅 임동건 | **경영 지원** 이지원
펴낸곳 파지트 | **펴낸이** 최익성

출판등록 제2021-000049호
주소 경기도 화성시 동탄원천로 354-28 | **전화** 070-7672-1001
이메일 pazit.book@gmail.com | **인스타** @pazit.book

ⓒ 김정주 유현옥 정홍인, 2025
ISBN 979-11-7152-112-8 (03320)

- 이 책 내용의 일부 또는 전부를 재사용하려면 반드시 저작권자와 파지트 양측의 동의를 받아야 합니다.
- 책값은 뒤표지에 있습니다.

THE STORY FILLS YOU
책으로 펴내고 싶은 이야기가 있다면, 원고를 메일로 보내주세요.
파지트는 당신의 이야기를 기다리고 있습니다.